Hypnose Brutale
Débutants

Techniques D'hypnose Expliquées Étape Par Étape Pour Les Débutants. Apprenez À Hypnotiser Et À Bénéficier De L'auto-Hypnose, Même Si Vous Pensez Que Vous Ne Pouvez Pas Être Hypnotisé!

ALLAN TREVOR

Hypnose Brutale Pour Les Débutants

Hypnose Brutale Pour Les Débutants

Voulez-vous entrer en contact avec Allan et accéder à une communauté exclusive de lecteurs? Vous pourrez avoir un contact direct et partager des opinions avec Allan et le reste des lecteurs. Vous aurez également la possibilité de bénéficier de réductions et de livres gratuits presque chaque semaine, ainsi que du soutien de toute la communauté. Vous serez tenu au courant des dernières sorties et des futurs livres d'Allan.

Cliquez sur le lien ci-dessous et demandez votre accès:

http://bit.ly/ComunidadAllanTrevor

Ou utilisez le code QR suivant:

En guise de remerciement pour la confiance que vous avez placée dans cette lecture, j'aimerais vous offrir une partie de l'un de mes livres les plus populaires sur l'hypnose conversationnelle, totalement GRATUITE.

<<Cliquez ici pour télécharger GRATUITEMENT le livre "Hypnose conversationnelle">>

Ce livre est spécialement conçu pour vous donner tous les secrets de la communication persuasive. Vous serez en mesure de devenir un orateur avec une grande influence hypnotique. En effet, vous serez surpris de constater que plus vous lisez les schémas secrets contenus dans ce livre, plus vous serez capable de persuader les autres sans vous faire remarquer.

<<Cliquez ici pour télécharger GRATUITEMENT le livre "Hypnose conversationnelle">>

Vous pouvez également le télécharger à partir du code QR suivant:

Avertissement

Ce livre est spécialement conçu pour vous fournir un maximum de connaissances sur le sujet. Cependant, peu importe la quantité d'informations que vous pouvez trouver dans le livre si vous ne les traitez pas correctement et ne les intégrez pas dans votre esprit de manière permanente. C'est pourquoi j'ai décidé de répéter certains concepts au fil des pages du livre, les plus importants, afin de m'assurer que l'information pénètre directement et profondément dans votre subconscient, cette partie de notre cerveau où se trouve la mémoire à long terme. Je veux surtout que vous terminiez cette lecture avec des idées bien ancrées dans votre esprit, c'est pourquoi je vais utiliser le pouvoir de la répétition. Je suis un connaisseur des phénomènes hypnotiques et de la psyché humaine, et je peux vous assurer qu'en tant qu'écrivain et hypnotiseur, je comprends parfaitement l'impact des mots sur le cerveau humain lorsqu'ils sont utilisés avec une certaine répétition. Plus mes messages ont un impact sur votre esprit, plus votre capacité à les comprendre et à les retenir à long terme est grande. J'ai décidé de garder un format simple et compréhensible afin que tout soit clair dès le début. Je ne vous demande qu'une chose: lisez ce livre jusqu'au bout. Il est écrit et conçu de telle manière que les explications et les idées accèdent à votre esprit avec une extrême simplicité. S'il y a une chose qui me distingue des autres auteurs, c'est, comme je vous l'ai déjà dit, la répétition et la simplicité avec lesquelles j'ai conçu mes messages. Cela peut vous sembler absurde, mais vous aurez saisi toutes les informations à la fin de la lecture, presque sans vous en rendre compte et d'une manière qui répond à tous vos besoins, en ayant tiré le meilleur parti de votre temps.

Hypnose Brutale Pour Les Débutants

Techniques D'hypnose Expliquées Étape Par Étape Pour Les Débutants. Apprenez À Hypnotiser Et À Bénéficier De L'auto-Hypnose, Même Si Vous Pensez Que Vous Ne Pouvez Pas Être Hypnotisé!

10

Hypnose Brutale Pour Les Débutants

Chapitre 1 - Explication détaillée de la manière d'appliquer l'hypnose et de son fonctionnement!

L'hypnose est un état de conscience altéré qui permet d'accepter facilement les suggestions.

On peut dire qu'il peut accéder au subconscient tout en maintenant sa propre conscience.

Cette fois, je vais vous expliquer comment fonctionne l'hypnose et comment vous endormir facilement.

Quel est le mécanisme de l'hypnose?

L'hypnose, comme mentionné ci-dessus, fait référence à un état de conscience altéré qui permet d'accepter facilement des suggestions.

Il peut accéder au subconscient tout en conservant sa propre conscience.

Lorsque vous êtes dans un état de conscience altéré, il vous est plus facile d'accepter les mots et les idées, et il vous est plus facile de penser en image.

L'état modifié de conscience n'est pas un état particulier, mais un état très naturel que chacun connaît dans sa vie quotidienne.

Lorsque je suis détendu et concentré, je rentre naturellement en hypnose.

L'état hypnotique le plus typique est celui où l'on regarde la télévision.

Hypnose Brutale Pour Les Débutants

La télévision, qui existe depuis l'enfance, est profondément liée à la confiance et à la détente.

On peut dire qu'il s'agit d'un environnement dans lequel chacun peut facilement entrer dans un état de conscience modifié.

En outre, certaines personnes sont sujettes à l'hypnose et d'autres non.

Les personnes dont il est difficile de se débarrasser sont des personnes qui ne plieront pas si elles le veulent.

Ou quelqu'un qui a peur de ne pas savoir quoi faire lorsqu'il est hypnotisé.

De nombreuses personnes sujettes à l'hypnose partent du principe qu'elles ont un problème qu'elles veulent guérir et qu'elles veulent le résoudre par l'hypnose.

Si vous êtes dans un état de confiance, vous êtes dans un état de sympathie (un état dans lequel vous ouvrez votre cœur à l'autre personne et avez de la bonne volonté).

L'hypnose est plus facile à réaliser.

En bref, lorsque vous êtes en état d'être en contact avec quelqu'un, lorsque vous avez confiance en l'autre personne,

Quand je pense que c'est amusant d'être ensemble, cela signifie que Lapole se forme entre eux deux lorsqu'ils sont dans ces états.

Dans l'état de Lapole, le cerveau a tendance à entrer dans un état de conscience altéré.

Réécrit le subconscient à l'aide de suggestions et de métaphores (paraboles) dans un état de conscience altéré.

La technique d'hypnose la plus typique consiste à briser les croyances du sujet (subconscient).

Les croyances sont comme des stéréotypes dont tout le monde a fait l'expérience.

L'hypnose est une technologie qui utilise cela, bien que ce soit un mécanisme que nous, les humains, possédons.

Comment hypnotiser?

L'hypnose nécessite le flux suivant.

1.　　Intérêt pour l'hypnose

2.　　Établissement d'une relation de confiance (promesse de sûreté et de sécurité)

3.　　Induire l'hypnose et donner des suggestions.

4.　　Libérer l'hypnose

L'important est de suivre cette procédure correcte.

S'intéresser à l'hypnose et lui faire confiance est en fait un processus très important.

1. Théorie et savoir-faire en matière d'orientation à utiliser dans la vente et la romance

Lorsque j'entends "hypnose", je pense que la plupart des gens pensent aux spectacles et aux programmes télévisés.

Certaines personnes peuvent imaginer une sorte de pouvoir psychique ou occulte.

Hypnose Brutale Pour Les Débutants

Les gens ont tendance à penser: "N'est-il pas nécessaire d'avoir un pouvoir spécial?", "N'est-ce pas Yarase?", mais l'hypnose est une technologie qui applique la psychologie.

Traitée comme une hypnose, une auto-hypnose et une discipline universitaire, l'hypnose est appliquée tout au long de notre vie.

Toute personne qui comprend le mécanisme et apprend les astuces sera en mesure d'hypnotiser intentionnellement.

Réfléchissez aux affirmations suivantes et évaluez si elles vous correspondent:

- Je veux être capable de bien communiquer avec les gens.
- Je veux mener une conversation naturellement dans la direction voulue.
- Je suis très intéressé par l'esprit humain

Si c'est votre cas, l'apprentissage de l'hypnose peut vous être très utile.

Vous ne pouvez pas hypnotiser si le sujet n'approuve pas qu'on l'hypnotise. Comme vous pouvez le constater, de nombreuses personnes ne comprennent pas correctement l'hypnose.

C'est pourquoi je voudrais vous présenter les connaissances de base que vous devez connaître avant d'appliquer l'hypnose. Nous avons déjà vu un grand nombre de ces concepts ci-dessus, mais comme je l'ai annoncé au début du livre, il est important de répéter les idées afin que votre subconscient absorbe l'information d'une manière plus efficace, automatique et puissante:

Hypnose Brutale Pour Les Débutants

Comme vous le savez, l'hypnose consiste à utiliser des "techniques de pensée" pour modifier le corps et le cerveau de l'autre personne.

Pour être plus clair, l'hypnose signifie que lorsque la personne se concentre sur un point, l'information est placée dans la partie inconsciente.

Les gens sont plus susceptibles de se sentir inconscients que d'être conscients.

"La célèbre expérience du citron"

Imaginez que vous tenez un citron dans votre main droite. Pensez au citron dans votre tête aussi clairement que possible. Il a une texture légèrement rugueuse et une odeur fraîche et acidulée.

Le citron a une encoche, alors coupez-le en deux. Le jus doit suinter de l'intérieur et dégager un arôme rafraîchissant. Goûtez une bouchée de citron.

Le parfum et l'acidité du citron se répandent dans votre bouche. La salive sort-elle progressivement?

Plus vous vous concentrez, plus la salive sortira.

En réalité, il s'agit aussi d'hypnose.

L'imagination des gens (espace d'image) est très puissante.

De même que plus l'image d'un citron est forte, plus la salive sort, le corps humain change juste à cause de l'image. C'est ce qu'est vraiment l'hypnose.

1-2. Effet de l'hypnose

D'ailleurs, si vous utilisez bien cette "hypnose", vous pouvez vous attendre à divers effets. À l'origine, l'hypnose est utilisée pour soulager les inquiétudes mentales.

Hypnose Brutale Pour Les Débutants

En d'autres termes, il peut avoir un effet relaxant.

L'hypnose est un état dans lequel la conscience s'établit à la valeur intermédiaire entre le sommeil et l'éveil.

Il faut beaucoup d'étapes et d'expérience pour créer une telle condition, mais il est facile de le faire à un niveau que l'on peut qualifier d'"effet de rêve".

Être dans un tel état signifie qu'il est difficile pour le pouvoir d'entrer dans le corps, de sorte que

- Soulagement du stress

- Passer à une orientation positive

- Surmonter ses faiblesses, etc.

Vous pouvez vous attendre à cet effet. Le yoga et la méditation ont le même principe.

L'hypnose est un moyen de se détendre physiquement et mentalement, d'ouvrir son esprit et de se libérer de ses soucis. La guérison viendra et vous serez en mesure de vous rapprocher de ce que vous voulez.

1-3. Scènes dans lesquelles l'hypnose est utile

Le bon usage de l'hypnose peut améliorer notre vie.

Par exemple,

- Amélioration du mode de vie

- Se souvenir de vieux souvenirs

- Gestion de la douleur

- Surmonter les choses pour lesquelles vous n'êtes pas doué

- Expérience sportive virtuelle, etc.

- Régime alimentaire réussi, etc.

Aux États-Unis, qui sont un pays développé dans l'utilisation de l'hypnose, il est courant de traiter par l'hypnose des personnes souffrant de troubles psychosomatiques, de dépression et d'autres problèmes mentaux.

Bien entendu, elle est réalisée par un thérapeute professionnel qui a acquis des méthodes d'hypnose médicale, des compétences en matière de conseil, des connaissances médicales, etc.

L'hypnose utilisée dans la vie quotidienne.

Si l'on considère l'hypnose comme une psychologie, il existe des cas surprenants où elle est utilisée dans la vie quotidienne, même s'il ne s'agit pas d'une thérapie par l'hypnose à part entière.

Par exemple, le fameux "effet pont suspendu" en amour est aussi une hypnose appelée auto-hypnose.

Il y a aussi le mimétisme qui donne un sentiment de familiarité en imitant le comportement et les habitudes de l'autre partie, et la "double contrainte" qui facilite l'acceptation du OUI de l'autre partie en offrant deux options. Ainsi, dans notre vie quotidienne, l'hypnose est utilisée partout.

Pour ceux qui s'intéressent aux techniques psychologiques, aux techniques de miroir qui réduisent la distance entre le cœur et l'autre personne, aux discours, aux présentations et à la romance, ce sera bien. L'utilisation efficace de la métaphore, le rythme de la collection de pratiques | la technique pour changer radicalement la communication? Essayez également d'apprendre ensemble.

2. Comment appliquer l'hypnose - Préparation

Maintenant que vous avez une compréhension de base de l'hypnose, il est temps de la mettre en pratique.

Cependant, dans la plupart des cas, les tentatives soudaines d'hypnose ne fonctionnent pas.

Comme pour tout ce que vous faites, il est important de se préparer à l'avance pour que l'hypnose se passe bien. Découvrons les préparatifs pour obtenir l'effet escompté.

2-1. Personnes sujettes à l'hypnose et personnes non sujettes à l'hypnose

Les effets de l'hypnose varient beaucoup d'une personne à l'autre. Pour ceux qui sont enclins à l'hypnose, peu importe la personne qui les hypnotise, et pour ceux qui sont moins enclins à l'hypnose, il arrive souvent que les compétences de l'hypnotiseur en matière d'hypnose importent peu.

Quelles sont donc les caractéristiques des personnes qui sont sujettes à l'hypnose et de celles qui ne le sont pas?

Les personnes sujettes à l'hypnose.

[1] Les personnes qui sont facilement dépendantes

Pendant l'hypnose, le sujet va confier ses actions à l'hypnotiseur.

On dit donc que les personnes qui ont tendance à être dépendantes des gens et celles qui sont très dépendantes sont plus susceptibles de s'engager. En ce qui concerne le sexe, on peut dire que les femmes sont plus sensibles à l'hypnose que les hommes.

* Par ailleurs, la raison pour laquelle on dit que l'hypnose est difficile à appliquer entre personnes du même sexe découle de ce qui précède.

[2] Les personnes ayant beaucoup d'imagination

Par exemple, l'hypnose qui change le goût des aliments et l'hypnose qui vous fait voir des hallucinations, le tout est de savoir à quel point l'image peut être concrète et claire.

En utilisant au mieux le pouvoir d'imagerie élevé du côté hypnotique, vous pouvez appliquer l'hypnose en profondeur.

[3] Personnes ayant de fortes convictions

Les personnes qui ont le coup de foudre ou qui pensent immédiatement "ça y est" sont également sujettes à l'hypnose.

Parce que vous pouvez vraiment croire et croire aux paroles de l'hypnotiseur.

[4] Les personnes qui sont plus enthousiastes pour un travail simple.

Ceux qui peuvent se concentrer sur une chose simple sont ceux qui sont enclins à l'hypnose.

Il ne s'agit pas d'une concentration qui commence l'analyse avec diverses informations circulant dans ma tête, comme ce qui se trouve devant moi, la situation autour de moi et deviner ce qui va se passer dans le futur.

L'hypnose requiert une concentration qui ne vous permet pas de sombrer dans la confusion en regardant une chose ou en répétant une action.

[5] Personnes aux émotions claires

Avoir des émotions claires signifie que vous êtes facilement influencé par votre environnement et les opinions des autres.

Il existe de nombreuses émotions dominantes en hypnose, telles que "drôle et rieur", "j'aime ce que tu n'aimes pas" et "triste et irrésistible".

Les personnes ayant des émotions intenses sont plus susceptibles de souffrir de cette hypnose.

Les personnes qui sont moins susceptibles d'être hypnotisées

[1] Personne qui soupçonne l'hypnose

Il est difficile d'appliquer l'hypnose à des personnes qui se méfient de cette technique.

[2] Personnes très anxieuses

L'hypnose fonctionne en travaillant de manière inconsciente, mais l'anxiété devient une grande barrière et la rejette inconsciemment.

[3] Personnes malades

Pour apprécier l'hypnose, vous devez être raisonnablement détendu.

Si vous ne dormez pas assez ou si vous vous sentez mal, vous risquez de ne pas reconnaître les mots prononcés par l'hypnotiseur. Vos muscles peuvent être trop raides pour bien se détendre.

La condition physique a donc une grande influence sur l'hypnose.

[4] Les personnes qui attendent trop de résultats

Même si vous réussissez vraiment l'hypnose, il y a un écart avec l'effet de l'hypnose que vous avez imaginé, et vous aurez l'illusion que vous n'êtes pas hypnotique.

2-2. Comment se préparer à l'hypnose

L'une des clés du succès de l'hypnose est l'attitude.

L'hypnose peut également faire l'objet d'abus car elle utilise la psychologie du travail inconscient sur l'autre personne. Mais c'est tabou.

N'oubliez jamais le sentiment de "penser à l'autre de manière amicale".

Par exemple, je suis allé dans un magasin d'électronique grand public parce que je voulais un aspirateur, mais le vendeur n'a parlé que du réfrigérateur. Ferais-je confiance à un tel vendeur pour acheter un aspirateur? Au contraire, vous pourriez même vous sentir en colère.

S'il existe un pilier "penser à l'autre personne de manière amicale", alors vous ne penserez pas à "que faire si l'hypnose échoue". Si cela ne fonctionne pas, vous pouvez essayer de guider un autre modèle.

3. Comment appliquer l'hypnose - Pratique

Maintenant, apprenons à hypnotiser.

Comme indiqué plus haut, l'hypnose est une "technologie" qui fait appel à la psychologie. Vous devez donc suivre les bonnes étapes dans l'ordre.

Hypnose Brutale Pour Les Débutants

Vous les avez souvent vus jouer la comédie à la télévision, en disant: "Si je compte jusqu'à trois, mes doigts ne vont pas se détacher".

Il semble que l'hypnose soit appliquée par ce seul mot, mais dans la plupart des cas, vous vous mettez progressivement dans un état hypnotique en prenant des mesures avant que la transmission ne commence.

En d'autres termes, il est impossible de passer soudainement de l'état 0 à l'état hypnotique. Comprenons bien et apprenons l'hypnose.

3-1. Obtenez l'accord de la personne que vous hypnotisez.

Dans l'hypnotisation, une prémisse importante est d'obtenir le consentement de l'autre partie.

3-2. Préparer un lieu pour l'hypnose

Le meilleur endroit est une pièce pas trop lumineuse, avec une température agréable, un espace calme et fermé pour deux personnes seules.

L'hypnose ne s'applique pas aux endroits agités. Choisissez un endroit où vous pourrez vous détendre, être au calme et à l'écart.

De plus, les personnes susceptibles d'être hypnotisées seront dominées par l'hypnotiseur, donc choisir un endroit où le sujet peut se sentir à l'aise facilitera son hypnotisation.

Il est préférable d'éteindre les lumières autant que possible et de prévoir un canapé ou un fauteuil relaxant et un environnement qui ne laisse pas entrer les bruits extérieurs.

3-3. Parlez bien avant l'hypnose

Hypnose Brutale Pour Les Débutants

L'hypnose n'est pas destinée à être appliquée, mais le problème que le sujet veut résoudre est du côté du sujet et est utilisé comme une des solutions.

Dans cette optique, abordons longuement le sujet. Cela vous aidera à approfondir la relation de confiance et à comprendre le problème que rencontre le sujet.

Lorsque vous parlez, baissez le ton de votre voix et parlez d'un ton bas et constant. Toutefois, vous devez également être conscient du contenu de l'histoire que vous transmettez à l'autre partie.

Cette discussion peut être appelée "pré-hypnose" et elle devient très importante. La façon dont elle réagira ici influencera grandement son entrée dans l'hypnose suivante.

3-4. Synchronisez vous avec l'autre personne

Ensuite, nous passerons à l'hypnose profonde. Veillez à ne pas couper le flux en disant: "Maintenant, je vais hypnotiser".

Le but est d'entrer dans l'hypnose principale avec le flux de la pré-hypnose. Pensez que l'hypnose commence au moment où vous entrez dans la salle d'hypnose. Si vous êtes synchronisés, il sera plus facile d'envoyer le signal "Veuillez hypnotiser".

En d'autres termes, il synchronise et met l'autre personne dans un état d'hypnose. Et en se synchronisant avec l'autre partie, l'autre partie se synchronisera aussi inconsciemment.

Ne niez pas l'histoire du sujet, mais tout en l'affirmant, invitez progressivement le sujet à entrer en hypnose profonde.

3-5. S'adapter à la réaction du sujet

Si le sujet a une quelconque réaction physique ou mentale, il ne faut pas la négliger.

Par exemple, s'il se plaint d'avoir "sommeil" ou d'être "lourd", pour renforcer la réaction, nous pouvons lui dire:

- Et maintenant, tu es de plus en plus endormi
- Le corps devient de plus en plus lourd

Adaptons-nous à la réaction du sujet.

À ce moment-là, il s'agit de parler avec une signature temporelle et un ton constants, sans ajouter de force aux mots. Si cela rend la réaction du sujet encore plus profonde, alors l'hypnose est presque réussie.

3-6. Se réveiller de l'hypnose

Après avoir été hypnotisé et avoir travaillé à la résolution du problème, le sujet doit être réveillé (réveil de l'hypnose).

En gardant à l'esprit que vous pouvez vous réveiller confortablement sans stress, comptez en conservant le ton de votre voix jusqu'à la fin.

Si l'hypnose se termine sans réveiller le sujet, cela créera le fait qu'il va à l'encontre des instructions de l'hypnotiseur, et l'autre partie doutera de l'effet de l'hypnose.

L'autre personne sera alors moins susceptible d'être hypnotisée la prochaine fois.

4. Utilisations de l'hypnose

L'application de l'hypnose peut apporter divers avantages dans la vie quotidienne. Ici, je voudrais vous présenter comment appliquer l'hypnose.

4-1. Appliquer aux ventes

Connaissez-vous le mot "rythme"? Le rythme est l'une des techniques de communication, mais il n'est pas exagéré de dire qu'il s'agit d'une sorte d'hypnose.

Si vous appliquez cela aux ventes, il semble que vous puissiez obtenir des résultats sans problème. Examinons donc le rythme qui pourrait être utilisé pour les ventes.

Marche commençant par une salutation

Lorsque vous parlez pour la première fois à un client, il y a toujours un mur entre le client et la vente.

En d'autres termes, la relation de confiance n'a pas été établie. Alors je vais dire bonjour, comme "Il fait beau aujourd'hui".

Cela crée un point commun entre le client et le vendeur, ce qui facilite la suppression du mur. Passons à la question principale lorsque le mur disparaîtra.

Suivre le rythme des réactions des clients

Par exemple, disons que vous êtes dans le commerce d'une maison.

Peu de clients l'acceptent d'emblée. Ils peuvent la rejeter, dire qu'elle est chère ou critiquer la maison elle-même.

À l'époque, "ce n'est certainement pas un achat bon marché et vous ne devez jamais acheter une maison. C'est normal d'être lent", a déclaré Pacing.

Pensez-y comme à l'établissement d'une relation de confiance avec vos clients.

4-2. Appliquer à la rédaction publicitaire

On dit que lorsque vous donnez une suggestion à une autre personne par le biais de l'hypnose, il est préférable de répéter la suggestion afin d'approfondir l'état hypnotique. Appliquons-le à la rédaction de phrases.

Si vous trouvez quelque chose que vous voulez vendre, répétez ce point de vente.

Double lien utile pour la rédaction publicitaire

Le principe de la double contrainte consiste à présenter les faits que le client, qui demande les informations, veut voir comme des faits établis, puis à poser une autre question.

Par exemple, supposons que vous ayez un texte pour vendre de la bière qui dise: "C'est une bière délicieuse, qu'elle soit froide ou à température ambiante".

Il s'agit d'une approche fondée sur le principe que les consommateurs "boivent (achètent) de la bière" et sautent la décision "d'acheter" ou "de ne pas acheter" pour passer à l'achat.

5. Comment appliquer l'auto-hypnose

L'autohypnose, où vous vous hypnotisez vous-même. Il s'agit d'une hypnose dont on peut attendre un effet considérable selon la méthode utilisée.

Le pouvoir de suggestion d'une personne est assez fort, et même un objet froid peut vous donner une réelle sensation de brûlure si vous pensez qu'il est assez chaud pour vous brûler.

Une bonne compréhension de l'auto-hypnose et une pratique adéquate peuvent apporter de nombreux avantages.

Ici, je vais vous présenter brièvement comment faire de l'auto-hypnose.

5-1. Préparation à l'auto-hypnose

ÉTAPE 1: Fixer un endroit à l'écart du chemin

Veillez à pratiquer l'auto-hypnose dans un endroit calme et discret.

En outre, il est important d'éliminer tous les soucis. Par exemple, vérifiez à l'avance les éléments qui vous importent, tels que l'adhérence, les odeurs corporelles et le programme du lendemain, et éliminez-les autant que possible.

ÉTAPE 2: Créez un espace de détente

Ensuite, portez des vêtements légers et familiers pour créer un état de relaxation. Évitez les tissus qui vous donnent l'impression de porter des vêtements ou des produits lourds.

Ensuite, trouvez un endroit pour vous détendre. Les personnes qui peuvent se détendre sur un lit ou une couette peuvent dormir ou s'asseoir sur un canapé ou un fauteuil confortable.

ÉTAPE 3: assombrir la pièce

Et rendez la pièce aussi sombre que possible. Il est préférable de l'ajuster à un niveau calme plutôt que de l'assombrir complètement.

Avant de vous lancer sérieusement dans l'auto-hypnose, vous pouvez imaginer ce que vous voulez obtenir comme image. Fermez les yeux et essayez d'être aussi précis que possible.

A ce moment-là, une seule suggestion est donnée dans une auto-hypnose. S'ils sont trop nombreux, vous serez désorienté et vous ne pourrez pas attendre l'effet recherché.

Lorsque vous êtes prêt à aller aussi loin, vous pouvez utiliser un pendule ou un métronome, donc préparez un outil qui crée un certain rythme.

5-2. Pratiquer l'auto-hypnose

Une fois que vous avez les outils rythmiques, détendez-vous et concentrez-vous.

Continuez à regarder jusqu'à ce que l'environnement devienne flou et que vous ne voyiez plus que les outils rythmiques. Lorsque vous ne voyez plus que les outils rythmiques, fermez lentement les yeux.

Après cela, je continue à penser vaguement à moi, à qui je veux être et à mon succès.

Il s'agit de ne pas penser en mots, seulement en image, et de ne pas penser avec force. Il est important de considérer l'image comme quelque chose de naturel dans un état naturel.

5-3. Transition vers le sommeil

Si l'image se déroule bien et est suffisamment bonne, vous vous sentirez probablement somnolent.

Dans ce cas, allons nous coucher tel quel sans résister à la somnolence. Et avant de vous endormir complètement, dites: "Au réveil, vous vous sentirez bien endormi et hypnotisé".

L'auto-hypnose est efficace si vous pouvez vous endormir et vous réveiller confortablement.

Vous devriez être capable de vous hypnotiser en faisant cela encore et encore. Il est important de le faire sans penser que le seuil est élevé.

Il aide également à soulager le stress et à améliorer la concentration, et vous pouvez l'utiliser un peu de temps avant le coucher, alors détendez-vous et faites-le sans préparation.

6. Résumé

Il est facile de considérer l'"hypnose" comme quelque chose de spécial, mais en réalité elle est utilisée partout dans notre vie, et elle est également utilisée en psychothérapie, elle fait donc partie des psychologies.

Les points clés sont une préparation préalable et une relation de confiance avec le sujet.

Essayez l'hypnose et utilisez-la non seulement pour vous, mais aussi pour les autres.

Comment appliquer l'hypnose pour la première fois

Comme nous l'avons déjà mentionné, l'hypnose est un état très courant que nous connaissons tous à de nombreuses reprises dans notre vie quotidienne.

L'hypnose est un état proche du sommeil.

Le simple fait de se réveiller le matin, de se soûler, de faire des folies à la télé, tout ça est hypnotique.

Tout le monde peut hypnotiser.

De nombreuses personnes peuvent avoir une image suspecte lorsqu'il s'agit d'hypnose. Cependant, l'hypnose est une technique qui se concentre sur la psychologie.

Elle est utilisée comme traitement en Europe et aux États-Unis, et est également étudiée comme discipline académique dans les universités du Japon. On dit que si vous pouvez comprendre et maîtriser correctement l'hypnose, vous pouvez mener une vie plus épanouie.

Tout le monde peut appliquer l'hypnose, à condition de la maîtriser.

Hypnose Brutale Pour Les Débutants

Cette fois-ci, je vais donc vous présenter 9 étapes sur la façon d'appliquer l'hypnose pour la première fois.

Apprenez à hypnotiser et utilisez-le pour le travail, la romance, les relations et bien plus encore.

Obtenir le consentement pour hypnotiser l'autre personne

Il s'agit d'une prémisse importante pour apprendre à hypnotiser.

N'essayez pas d'hypnotiser une personne qui le refuse, mais travaillez avec sa compréhension et son consentement.

Suggestion avant l'hypnose

L'hypnose est basée sur la suggestion.

Formulez une phrase qui indique précisément ce que vous allez faire avec l'hypnose.

Veillez à préparer une suggestion à l'avance et à la mémoriser fermement.

Se préparer avant l'hypnose

Un test de suggestion est effectué afin de vérifier la sensibilité de l'autre personne à l'hypnose.

Induire l'hypnose

Entrez dans l'hypnose comme une introduction à l'hypnose.

La méthode d'approfondissement est recommandée pour conduire à un état d'hypnose plus profond.

En encourageant chaque partie du corps à se détendre, par exemple "Votre bras droit va se détendre et se relaxer", vous pouvez faire entrer ses mains en hypnose de manière plus fiable.

Donne un stimulus hypnotique

Si vous avez vu un programme d'hypnose, vous pouvez l'envisager, mais comptez trois et faites un son en claquant des doigts ou en frappant dans vos mains.

Il est plus efficace de donner le même stimulus à chaque fois.

Entrer en hypnose

Il est dans l'état indiqué dans la suggestion.

À ce stade, il est important que l'autre partie comprenne ce qui est en jeu.

S'il le fait, il accepte le fait qu'il a été hypnotisé et que cela le rend plus vulnérable.

Essayez de donner des suggestions qui maîtrisent le mouvement et la sensation.

L'hypnose, que l'on voit souvent dans les spectacles d'hypnose, où le corps ne bouge pas ou s'effondre lorsqu'il est debout, est appelée contrôle de l'exercice et le changement de goût est appelé contrôle sensoriel.

Elle sert de base à l'application de l'hypnose.

Essayez de faire une suggestion que vous aimeriez faire vous-même.

Une fois que sa maîtrise motrice et sensorielle est réussie et qu'elle est plus sensible à l'hypnose, faites-lui des suggestions.

Bien sûr, jusqu'à ce que vous vous habituiez à l'hypnose, il se peut qu'au début, vous deviez faire des exercices ou maîtriser vos sens.

Demander l'annulation de la suggestion

Si vous acceptez le fait que vous avez été hypnotisé, annulez l'hypnose.

Tout simplement

"Si vous comptez jusqu'à trois et que vous faites sonner votre doigt, toutes les suggestions que vous avez faites jusqu'à présent seront annulées et vous reviendrez".

Il suffit de le sous-entendre, alors ne l'oubliez pas.

L'hypnose peut être résolue avec le temps sans donner d'instructions pour la libérer.

Si la technique est résolue sans lâcher prise, elle créera le fait qu'elle va à l'encontre des instructions de l'hypnothérapeute, et l'autre partie doutera de l'effet de l'hypnose. Dans ce cas, il sera difficile d'appliquer la technique la fois suivante.

Si vous prévoyez d'hypnotiser à nouveau la même personne,

"Même après l'interruption de l'hypnose, si je lui donne la même suggestion, il sera à nouveau hypnotisé".

C'est bon de le dire.

De plus, si vous n'annulez pas la suggestion, le bénéficiaire interprétera à tort que l'hypnose demeure et pourra causer des problèmes par la suite.

Veillez à supprimer la suggestion à la fin de l'hypnose.

Résumé

De nombreuses personnes peuvent penser que l'hypnose est très difficile et nécessite des compétences particulières.

Cependant, comme je l'ai présenté cette fois, aucun pouvoir spécial n'est nécessaire pour appliquer l'hypnose.

Il n'y a que la pratique pour améliorer l'hypnose. Personne ne peut réussir dès le départ.

Lorsque vous aurez appris à hypnotiser, votre vie pourra s'en trouver enrichie.

Chapitre 2 - L'induction Dave Elman

L'induction modifiée de Dave Elman

Cette méthode d'induction de la transe hypnotique a été développée par le célèbre hypnotiseur américain Dave Elman. Il a gagné en popularité parmi les hypnothérapeutes modernes en raison de sa capacité à induire et à approfondir l'hypnose et à évaluer la réceptivité de manière extrêmement rapide et fiable. La méthode se compose généralement des étapes suivantes, entrecoupées de suggestions directes pour une relaxation plus profonde:

1. respiration profonde et fermeture des yeux.

2. Convaincre de la lourdeur du bras (abaisser le bras pour tester et suggérer la relaxation musculaire).

2. Catalepsie oculaire convaincante (suggestion que le sujet est incapable d'ouvrir les yeux).

3. Approfondissement de l'hypnose par fermeture répétée des yeux (réinduction répétée)

4. "Perdre les chiffres", approfondissement pour la relaxation mentale et le test d'amnésie.

5. "Approfondisseur d'ascenseur" (facultatif).

Bien que l'on ait tendance à l'appeler "induction Elman", il s'agit en fait d'une série de tests et d'approfondissements (convaincants) qu'Elman semble avoir normalement utilisés après une induction de fixation oculaire, ou simplement après avoir demandé au sujet de fermer les yeux.

L'induction complète ne prend que 2 à 3 minutes et se fait assez rapidement. Les changements rapides et les expériences que le client vit pendant ces 3 minutes contribuent probablement à l'augmentation rapide de la suggestibilité. Il est utile d'opposer cette approche à la très typique "induction de relaxation progressive" de 10-15 minutes souvent utilisée par de nombreux hypnothérapeutes.

Il y a une merveilleuse combinaison de suggestion musculaire (laisser tomber le bras pour suggérer la relaxation des tensions et le lâcher prise, ouvrir et fermer les yeux de façon répétée) et l'utilisation élégante de tests de défi (également appelés "convincers"): ne pas être capable d'ouvrir les yeux. L'utilisation du "ne pas pouvoir dire les chiffres", le tout fait avec une fluidité énergétique qui amène rapidement le client en hypnose (et répond aussi à ses attentes de ce qu'est l'hypnose: une expérience extraordinaire où il ne peut pas ouvrir les yeux ou dire son nom)!

Si vous souhaitez en savoir plus sur l'induction Elman, l'induction de la fermeture des paupières, l'induction de la lévitation des bras, l'écriture de scripts, les approfondissements, la gestion de la douleur, l'auto-hypnose et bien plus encore, suivez notre cours de certificat en hypnose fondée sur des preuves ou formez-vous à devenir hypnothérapeute avec notre diplôme en hypnothérapie cognitivo-comportementale.

La propre transcription d'Elman

Voici un extrait de l'ouvrage *Hypnotherapy* d'Elman (1964) qui présente sa célèbre technique d'induction mot à mot, selon ses propres termes.

Hypnose Brutale Pour Les Débutants

Induction rapide

"Pouvez-vous prendre une bonne et longue inspiration et fermer les yeux? Maintenant, détendez les muscles autour de vos yeux jusqu'à ce que ces muscles ne fonctionnent plus et quand vous êtes sûr qu'ils ne fonctionnent plus, essayez-les et assurez-vous qu'ils ne fonctionnent plus..... [Non, tu t'assures qu'ils vont fonctionner. Détendez-les jusqu'à ce qu'ils ne fonctionnent plus et quand vous êtes sûr qu'ils ne fonctionnent plus, essayez-les. Essaie-les bien. Obtenez une relaxation complète des muscles autour des yeux.... [Le client montre maintenant une catalepsie des paupières.] Maintenant, laissez cette sensation de relaxation descendre jusqu'à vos orteils..... Dans un instant, nous allons recommencer et lorsque nous le ferons dans la seconde moitié, vous serez en mesure de vous détendre dix fois plus que vous ne l'êtes déjà.

Maintenant, ouvrez les yeux. Fermez les yeux. Détendez-vous complètement, laissez-vous recouvrir d'une couverture de relaxation. Maintenant, la troisième fois que nous faisons cela, vous pouvez doubler la relaxation que vous avez. Ouvrez les yeux, maintenant détendez-vous. Maintenant, je vais lever votre main et la laisser partir, et si vous avez suivi les ordres jusqu'à présent, cette main sera aussi molle qu'un chiffon et tombera dans votre genou..... Non, laissez-moi le soulever, non. Si vous le soulevez, qu'il soit lourd, c'est bien, mais ouvrons et fermons à nouveau les yeux et doublons cette relaxation pour l'envoyer directement aux orteils. Que cette main soit aussi lourde que du plomb..... Vous le ressentirez lorsque vous obtiendrez la véritable relaxation..... Vous l'avez maintenant. Vous pouviez le sentir, n'est-ce pas? (Patient: Oui.)"

Approfondir

"C'est une relaxation physique complète, mais je veux vous montrer comment vous pouvez obtenir une relaxation mentale aussi bien que physique, donc je vais vous demander de commencer à compter - quand je vous le dirai - à rebours à partir de cent. Chaque fois que je dis un chiffre, doublez votre relaxation, et lorsque vous atteindrez quatre-vingt-dix-huit, vous serez tellement détendu qu'il n'y aura plus de chiffres..... Commencez par l'idée d'y parvenir et regardez-la se réaliser. Comptez à voix haute s'il vous plaît. (Patient: cent.) Doublez votre détente et regardez les chiffres commencer à disparaître. (Quatre-vingt-dix-neuf.) Regardez les chiffres commencer à disparaître. (Quatre-vingt-dix-huit.) Maintenant, ils vont partir.... Faites en sorte que cela se produise. Tu dois le faire, je ne peux pas le faire. Faites-les disparaître, dissolvez-les, faites-les disparaître. Sont-ils tous partis? [Le sujet dit "oui", mais après l'avoir interrogé et testé, Elman découvre qu'il est tout simplement "trop fatigué" pour continuer".]

"Alors faites disparaître complètement ces nombres... Bannissez-les... Sont-ils partis? (Non.) Faites-les disparaître. Je vais lever votre main et la laisser tomber, et quand je le ferai, le reste de ces chiffres disparaîtront. Voulez-vous les retirer et les regarder partir...? Sont-ils partis? (Oui.)" (Elman, Hypnotherapy, 1964: 60-65)

Le script d'induction d'Elman (adapté)

"Commencez simplement par vous mettre à l'aise. Posez vos pieds sur le sol et vos mains sur vos genoux ou sur les côtés.

Maintenant, laissez tomber votre tête légèrement en avant et roulez vos yeux vers le haut et l'arrière comme si vous regardiez un point sur votre front. C'est un peu difficile, mais continuez comme ça. Maintenant, inspirez profondément, en remplissant vos poumons tout en continuant à regarder vers le haut et vers l'arrière. Faites une pause pendant quelques secondes. Maintenant, continuez à regarder vers le haut et laissez vos paupières s'alourdir et se fermer... en expirant lentement et patiemment.

Hypnose Brutale Pour Les Débutants

Ok, maintenant envoyez une grande vague de relaxation du haut de votre tête jusqu'au bout de vos orteils. Laissez tous vos muscles se détendre, se relaxer et se détendre magnifiquement... comme une poupée de chiffon.

Maintenant, posez votre attention sur ces paupières une fois de plus. Même si les paupières se sont déjà confortablement fermées, imaginez qu'elles se referment, encore plus lourdes, fatiguées et léthargiques qu'auparavant. Maintenant, détendez ces paupières jusqu'à ce que vous ayez l'impression qu'elles ne fonctionnent plus. Lorsque vous savez que vous avez réussi, testez et constatez que vous avez réussi et qu'elles ont l'impression d'être scellées. Poussez plus fort contre cette relaxation et constatez que plus vous essayez de faire cet effort, plus ces paupières sont léthargiques, fatiguées et détendues en ce moment. Maintenant, arrêtez d'essayer, envoyez une vague de relaxation directement à cette partie de vous qui essayait de faire l'effort. Vos paupières ne sont pas vraiment scellées, mais vous avez l'impression qu'elles le sont. C'est un bon signe, vous vous détendez très profondément.

Maintenant, je vais vous aider à vous détendre encore plus profondément, et voici comment je vais m'y prendre. Dans un instant je vais compter 1, 2, 3, quand j'arrive au numéro trois vous pouvez ouvrir les yeux une seconde avant de faire un geste et de dire le mot "dormir". Lorsque vous prononcez le mot "dormir", laissez simplement vos paupières se fermer et constatez que vous retournez, encore plus profondément dans l'hypnose qu'auparavant. En commençant maintenant, 1, 2, 3... ouvrir ces paupières, prêt maintenant, "dormir", se relaxer beaucoup plus profondément qu'avant, deux fois plus profondément... Ok... Encore une fois, 1, 2, 3, ouvrir ces paupières, prêt maintenant, "dormir". "...se relaxer beaucoup plus profondément qu'avant, deux fois plus profondément... Bien... Encore une fois maintenant, 1, 2, 3, ouvrir ces paupières, prêt maintenant, "dormir", se relaxer beaucoup plus profondément qu'avant, deux fois plus profondément encore... Bien...

Hypnose Brutale Pour Les Débutants

Vous détendez maintenant le corps très profondément, et en même temps que vous détendez le corps, vous détendez l'esprit. Maintenant, je vais vous aider à détendre l'esprit encore plus profondément et voici comment je vais m'y prendre. Dans un instant, je veux que vous commenciez à compter à rebours à partir de 100, juste quelques chiffres et vous détendez votre voix de plus en plus avec chaque chiffre, vous doublez la relaxation vocale avec chaque chiffre dans un murmure et ensuite silencieusement comme ceci [l'hypnothérapeute compte et estompe sa voix pour démontrer au client]....
Vous verrez ces chiffres s'effacer au fur et à mesure que la voix se détend jusqu'à ce que vous ne puissiez même plus les trouver.

Commencez maintenant, en faisant face à votre voix avec chaque numéro dans un chuchotement, puis en silence... Commencez à compter maintenant, en perdant les chiffres pour vous détendre en comptant, à partir de maintenant...

[Faites des suggestions pour détendre votre voix et passez au silence jusqu'à ce que le sujet arrête de compter].

C'est tout. Bien. Maintenant, détendez-vous encore plus profondément et, ce faisant, faites un effort pour essayer de localiser ces chiffres oubliés et constatez que vous avez réussi, ils ont complètement disparu de votre esprit.

Chapitre 3 - Les cerveaux des personnes sujettes à la susceptibilité étaient distincts

La science de l'hypnose

Les mots "ça fait dormir" que vous entendez lorsque vous vous concentrez sur le pendule. Et quand vous touchez votre doigt... Je pense que tout le monde a vu l'hypnose comme ça. Beaucoup de gens se demanderont s'il y a un truc, mais l'hypnose n'est pas un simple truc. En fait, il existe des preuves scientifiques que l'hypnose est possible et peut réellement faire une différence dans le cerveau. Certains psychologues l'utilisent même comme thérapie pour améliorer leur état physique et mental. Nous savons que certaines personnes sont sujettes à l'hypnose et d'autres non, et les ondes cérébrales ont montré qu'il existe des différences entre les deux. Présentation de la science de l'hypnose à partir de la chaîne scientifique populaire "scishow" sur youtube.

L'hypnose n'est pas un truc

Michael Aranda: Se concentrer sur une horloge qui oscille vous fait dormir. Et quand vous toucherez votre doigt, vous verrez toute la vidéo.

Je suis sûr que tout le monde a vu ce genre d'hypnose. Commander, crier comme un canard et même changer de personnalité comme dans le film "Office Space". Pour les sceptiques, cette hypnose semble suspecte. Je me demande si cette montre et cette voix ont autant de pouvoir.

Hypnose Brutale Pour Les Débutants

L'hypnose ne semble pas être un simple artifice. Il existe également des preuves scientifiques que l'hypnose est possible et qu'elle peut entraîner de réels changements dans le cerveau. Certains psychologues l'utilisent comme une thérapie pour améliorer leur condition physique et mentale.

Donc, l'hypnose peut être vraie. Ce n'est pas la capacité exagérée de lavage de cerveau. Il existe des milliers d'années de descriptions de différentes méthodes de méditation et d'états de transe.

L'hypnose telle que nous la connaissons semble être liée à un médecin appelé Franz Mesmer dans les années 1700.

La personne qui est devenue l'étymologie de "hypnotise". Mesmer avait une théorie sur la nature qu'il appelait le magnétisme animal. C'était plus qu'une fascination sexuelle.

Il pensait que tous les êtres vivants avaient un flux invisible de force magnétique. Il a affirmé qu'en ajustant le flux, il était possible de traiter toutes les maladies.

Il a essayé d'équilibrer le flux invisible en éveillant la transe du patient par des lumières tamisées, une musique mystérieuse, des forces magnétiques et des gestes. Après cela, certains patients sont devenus en bonne santé.

Cependant, la communauté chimique a examiné les forces magnétiques des animaux et a conclu que le flux de la force magnétique par rapport à la capacité de guérison n'était pas vrai. Les recherches de Mesmer ont perdu toute crédibilité et les scientifiques n'ont plus de succès dans la thérapie trans.

Mais au milieu des années 1800, le chirurgien James Blade a commencé à étudier cette thérapie potentielle.

Dans un souci d'explication, j'ai créé le mot "hypnose" à partir du mot grec "hypnos". Parce qu'un état de transe, c'est comme dormir.

Aujourd'hui, les psychologues cliniciens considèrent l'hypnose comme une somnolence. L'hypnose concentrée est comme la méditation. Contrairement à l'hypnose flashy que l'on voit à la télévision, l'hypnose clinique est extrêmement simple. La concentration, c'est tout.

Une musique calme est diffusée, mais le but est de se débarrasser des obstacles. L'hypnothérapeute parle doucement et encourage le patient à se concentrer, comme avec une montre à gousset qui tremble parfois. Et laissez-les faire l'expérience de la relaxation. Ils seront alors plus détendus et ouverts aux suggestions. De cette manière, l'hypnothérapeute guide le patient vers différentes visions et instructions en fonction des objectifs de l'hypnose. C'est simple, n'est-ce pas?

Différences entre les personnes sujettes à l'hypnose et celles qui n'y sont pas sujettes

Les psychologues cliniques estiment que le but de l'hypnose est d'obtenir une transe détendue et concentrée. Sur le plan psychologique, l'hypnose a deux théories.

L'état de conscience altéré est celui où l'hypnose conduit à une autre conscience. Il s'agit d'un état complètement différent, semblable au sommeil, dans lequel les processus mentaux du cerveau fonctionnent différemment et ne sont pas toujours reconnaissables.

L'autre est appelée "théorie du non-état", qui est une théorie selon laquelle l'hypnose est comme un jeu de rôle.

Contrairement à l'état de conscience altéré, il s'agit d'une combinaison de haute concentration et d'attente hypnotique. En bref, vous êtes conscient et vous respectez les règles. Et maintenant, les chercheurs ont besoin de plus de preuves pour élucider l'hypnose sur le plan psychologique.

Nous savons que certaines personnes sont sujettes à l'hypnose et d'autres non. L'hypnose est un processus volontaire. Vous devez écouter le chirurgien, vous concentrer et essayer de vous détendre.

Les chercheurs pensent qu'entre 10 et 15 % des personnes sont très sensibles à l'hypnose. Ces personnes sont sujettes à l'hypnose pendant la séance. Vingt pour cent des gens sont très résistants à l'hypnose. D'autres sont mitigés.

La raison pour laquelle il est sujet à l'hypnose n'est pas claire. La dissection du cerveau révèle une légère différence, mais nous savons que cela a quelque chose à voir avec cela.

Les chercheurs ont utilisé l'imagerie par résonance magnétique, ou IRM.

Les résultats ont montré que les personnes sujettes à l'hypnose avaient une pointe du corps calleux beaucoup plus grande que les autres. C'est la partie qui contrôle la concentration.

D'autres chercheurs ont examiné les ondes cérébrales de personnes hypnotisées. En gros, le cerveau a besoin d'énergie électrochimique pour fonctionner. Parce que les nerfs en ont besoin pour communiquer.

À l'aide d'un électroencéphalogramme et d'un EEG, les chercheurs ont surveillé le fonctionnement du cerveau et ont observé différents schémas EEG.

Des études ont montré que les personnes sujettes à l'hypnose sont particulièrement sujettes à une augmentation des ondes thêta. Cela a à voir avec l'attention et la visualisation. C'est le cas lorsque vous vous livrez au calcul mental ou à la fantaisie.

Ensuite, l'IRM et l'EEG nous ont montré comment l'hypnose affecte l'attention du cerveau. Elle soutient l'idée d'un état de relaxation focalisée.

Pourquoi est-ce laissé à la discrétion de l'hypnotiseur?

Mais pourquoi la suggestion du chirurgien change-t-elle la façon de penser du patient?

Elle implique l'idée d'un traitement descendant.

Le cerveau reçoit beaucoup d'informations sensorielles. Nous comprenons la situation par le traitement et l'interprétation. Le traitement descendant consiste donc à ce que la couche supérieure d'informations, comme la mémoire et les anticipations, influence les informations inférieures qui sont perçues et reçues.

Les spécialistes des sciences cognitives connaissaient bien ce phénomène. Il existe également plusieurs expériences pour tester cet effet. Le vin élevé et le vin bon marché incitent les gens à boire du vin. Les vins que je bois sont les mêmes, mais ceux qui sont considérés comme chers sont un peu plus savoureux. Probablement parce que je m'attendais à ce que ce soit délicieux. De plus, la partie du cerveau qui gère la joie est devenue plus active.

Le processus descendant décrit également l'effet placebo. Si vous prenez une pilule qui, selon votre médecin, vous fera aller mieux, vous la trouverez efficace. Même si ce n'est que du sucre.

En d'autres termes, les personnes hypnotisées sont ouvertes aux propositions, ajustent leurs attentes et changent leur vision du monde. Cet effet de l'hypnose a également été prouvé scientifiquement.

Par exemple, le test de Stroop. Il existe de nombreux mots pour décrire les couleurs comme le rouge et le bleu. Mais au lieu de lire un mot, il indique la couleur associée à ce mot. Si vous voyez le mot "jaune" écrit à l'encre bleue, il doit être écrit "bleu".

C'est très difficile. Cela s'explique par le fait que les mots et leurs couleurs sont traités en même temps. Une équipe de neuroscientifiques a étudié les effets de l'hypnose en utilisant le test de Stroop. Ils ont étudié comment saisir les mots et leurs couleurs en surveillant l'activité cérébrale par IRMF.

Nous utilisons des techniques de relaxation pour hypnotiser les personnes qui y sont prédisposées et celles qui ne le sont pas. Et il a fait une suggestion spécifique au sujet. Le mot affiché dans le fmri était "charabia" afin d'identifier la couleur le plus tôt possible.

Quelques jours après la séance d'hypnose, j'ai scanné mon cerveau pendant le test de Stroop. Ceux qui sont enclins à l'hypnose, c'est-à-dire ceux qui ouvrent par proposition, ont appliqué le mot couleur plus rapidement et plus précisément.

Plus surprenant encore, il y avait également des différences mesurables dans l'activité cérébrale. En particulier, la partie du cerveau qui contrôle le décodage des caractères n'était pas activée. En d'autres termes, le cerveau ne reconnaissait pas les mots comme des mots. En même temps, il n'y a pas eu de confusion au travail. C'était différent du cerveau d'une personne qui résistait à l'hypnose.

On peut dire que l'approche de l'hypnose a changé les attentes du sujet. Par conséquent, j'ai pu le voir comme une couleur au lieu d'un "charabia". Une autre étude menée par des neuroscientifiques a même révélé qu'il bloque la mémoire.

Le sujet a regardé le film de 45 minutes et est revenu une semaine plus tard pour être hypnotisé. Lorsque j'ai entendu l'autographe, on m'a suggéré d'oublier le film et qu'un autre autographe me ramènerait la mémoire. Le sujet est ensuite entré dans l'IRM fonctionnelle et a reçu le signal d'oubli, mais n'a pas pu se souvenir des détails du film. Par contre, je me suis souvenu des détails de la salle où j'ai vu le film. Certaines parties du cerveau liées à la mémoire étaient moins actives que dans le groupe non-hypnotique.

Alors, en théorie, vous oublieriez "Imperial Strikes Back" et ne vous souviendriez que de l'apparition du père de Luke Skywalker, encore et encore. C'est ce qu'on appelle l'amnésie post-hypnotique. Il a été utilisé comme modèle de recherche pour l'amnésie réelle. C'est comme s'il s'agissait d'une lésion cérébrale traumatique.

Certains hypnothérapeutes l'utilisent pour faire des tours de passe-passe, tandis que d'autres l'utilisent comme un outil efficace à des fins médicales et psychologiques.

Certains chirurgiens ont recours à l'hypnose pour réduire la douleur et l'anxiété avant une intervention chirurgicale ou la prise de médicaments et pour accélérer le rétablissement. Elle peut également être utilisée pendant l'accouchement pour soulager l'anxiété et la douleur. La thérapie par l'hypnose peut également être utilisée en conjonction avec une thérapie comportementale. Sevrage tabagique, dépression, stress post-traumatique, etc.

Cependant, l'hypnose n'est pas un remède. Les suggestions hypnotiques peuvent ne pas être utiles pour tout le monde. Alors, l'hypnose est-elle réelle? C'est probablement réel. Mais les psychologues ne comprennent pas totalement l'hypnose. Certains la considèrent comme un autre état de conscience, tandis que d'autres considèrent l'hypnose comme une concentration et une attente.

Le mieux que l'on puisse dire est que l'hypnose est une mise en évidence de la qualité du cerveau. Si vous ne voulez pas vous détendre ou dormir, vous ne pouvez pas le faire. Il est possible de changer notre façon de voir les choses pour soulager ou oublier la douleur.

Chapitre 4 - Qu'est-ce que l'hypnose à induction instantanée?

L'hypnose induite instantanée, également appelée transe instantanée ou hypnose instantanée, est un terme utilisé pour décrire une personne qui tombe immédiatement dans un état d'hypnose. Il existe différents niveaux et types d'hypnose, de l'auto-hypnose à l'hypnose conversationnelle, et plusieurs autres moyens d'entraîner l'esprit à une relaxation et une suggestion plus profondes. Les personnes qui cherchent à expérimenter un état d'hypnose guidée instantanée y sont généralement guidées par un hypnothérapeute ou un autre praticien formé à l'aide d'une seule action physique et d'une seule commande.

Pour réaliser une hypnose induite immédiate, on demande généralement à la personne d'accepter d'être hypnotisée au préalable. Cependant, il n'y a généralement pas d'hypnose induite immédiate lors de la première séance d'hypnose. Tout d'abord, une personne subit généralement un autre type d'hypnose pour entrer dans un état de conscience et un changement de conscience.

L'hypnotiseur, hypnotisé, demande à une personne d'accepter une hypnose induite immédiate lors d'une prochaine séance. Si une personne accepte, l'hypnotiseur lui demande généralement d'entrer immédiatement en état de transe en mentionnant simplement un mot déclencheur accompagné d'actions physiques telles que baisser la main du client en même temps. Le mot déclencheur sera prononcé. Par exemple, chaque fois que l'hypnotiseur lève la main du sujet et prononce le mot "sommeil", le sujet entre immédiatement en hypnose.

Comme c'est souvent le cas dans les spectacles et autres démonstrations d'hypnose, les personnes intéressées par l'apprentissage de l'hypnose instantanée trouvent souvent que c'est une compétence facile à acquérir. Cependant, en réalité, les hypnotiseurs n'apprennent généralement pas à pratiquer l'hypnose guidée instantanée avant d'avoir étudié, pratiqué et maîtrisé d'autres théories et techniques d'hypnose. Maîtriser l'hypnose instantanée requiert un niveau de compétence et de confiance en soi qu'un hypnotiseur a besoin de temps et d'efforts pour maîtriser. Pour que l'hypnose guidée instantanée soit efficace, le sujet doit avoir confiance dans les capacités de l'hypnotiseur.

L'hypnose guidée instantanée permet d'aborder toute une série de problèmes personnels qu'une personne peut rechercher grâce à l'hypnose. C'est également une méthode plus pratique pour les hypnothérapeutes qui peuvent l'utiliser pendant une session avec un client. Cette technique réduit le temps normalement nécessaire pour amener une personne dans un état de conscience modifié. Après l'entrée en transe instantanée, la séance vise généralement à traiter le même problème que celui pour lequel le client demande de l'aide, la seule différence étant le temps qu'il a fallu pour amener le sujet dans cet état.

Chapitre 5 - "Méthode d'hypnose instantanée" pour entrer en transe en un instant

Alors que les connaissances en matière de conseil se sont développées et que la compréhension de l'"hypnose" s'est généralisée, de nombreuses personnes ont encore une image forte de l'hypnose humaine telle qu'elle est vue dans les programmes télévisés.

Vous avez sommeil...

La prochaine fois que je me réveillerai, je serai un chien...

C'est de l'hypnose avec un haut niveau de divertissement. Par conséquent, au Japon, l'image de l'hypnose peut encore être perçue comme quelque chose de suspect et de dangereux.

Tout d'abord, il est inutile d'hypnotiser l'autre personne pour la transformer en chien, pour qu'elle réagisse à un mot spécifique ou pour qu'elle ne puisse pas dire un chiffre précis.

D'autre part, la thérapie par l'hypnose utilisée dans le cadre du conseil comprend l'hypnose de régression, comme le retour à l'enfance, et vise à atténuer les traumatismes et le passé douloureux.

Le but de l'hypnose est de "travailler inconsciemment pour provoquer les changements souhaités". Il est important de comprendre cet objectif initial.

D'ailleurs, il existe une chose appelée "hypnose instantanée" dans ce type d'"'hypnose". Il peut littéralement amener un client dans un état hypnotique en un instant.

Comment introduire l'hypnose instantanée

Il existe plusieurs méthodes d'hypnose instantanée. Une fois que le client est entré en hypnose, le déroulement est similaire à celui de l'hypnose normale. Nous allons donc présenter ici l'introduction de l'hypnose instantanée.

Parmi les différentes méthodes d'introduction de l'hypnose instantanée, nous allons présenter l'une des méthodes les plus couramment utilisées, appelée induction par chute de bras.

Les 6 étapes suivantes

- Faites-les s'asseoir sur une chaise

- Expliquer l'hypnose

- Placez la main du client dans la paume de la main du conseiller.

- Concentrez-vous sur le front du conseiller et, en même temps, appuyez sur les mains qui se chevauchent.

- Distraire les clients instantanément

- Entrer dans l'état de transe (état hypnotique)

Faites-les s'asseoir sur une chaise.

Demandez au client hypnotique de s'asseoir sur une chaise. Faites-les s'asseoir pour qu'ils se sentent à l'aise.

Si vous avez une chaise haute dont les pieds pendent et s'agitent, ou si elle n'a pas de dossier et que vous ne pouvez pas vous asseoir confortablement, vos nerfs se concentreront sur cette séance inconfortable, ce qui rendra difficile l'introduction de l'hypnose.

② Explique l'hypnose

Si le client est anxieux à propos de l'hypnose qui va commencer, l'introduction de l'hypnose ne fonctionnera pas.

Tout conseil, et pas seulement l'hypnose, ne fonctionne pas sans une relation (confiance) entre le conseiller et le client.

Il est donc important que la thérapie par l'hypnose que vous vous apprêtez à entreprendre soit sûre, qu'elle ne vous fasse pas de mal et qu'elle communique clairement l'objectif de l'hypnose.

③ Mettez la main du client dans la paume de la main du conseiller.

Le conseiller place sa main devant le client, la paume tournée vers le haut.

Demandez au client de placer sa paume sur celle du conseiller.

④ Concentrez-vous sur le front du conseiller et en même temps poussez sur les mains qui se chevauchent.

Demandez au client de regarder le front du conseiller et de se concentrer sur celui-ci. En même temps, demandez-leur de pousser vers le bas les mains qu'ils viennent d'empiler.

Le conseiller, quant à lui, pousse sa main vers le haut depuis le bas et soutient adéquatement la force de poussée vers le bas du client.

⑤ Détourner instantanément la concentration du client.

Faites-le instantanément pour détourner leur attention de vos mains et de votre front. Demandez au client de dire son nom à l'envers ou de chanter une simple comptine.

En attendant, faites instantanément les trois choses suivantes.

1. 1. Retirez délicatement votre main des mains qui se chevauchent.
2.

2. 2. Dors! (Ou un mot qui déclenche quelque chose comme "Oui!") A voix haute

3. Poussez doucement le corps du client vers l'arrière et appuyez sur l'épaule avec la paume de votre main.

Lorsque vous entrez soudainement en transe, vous devez faire très attention à ne pas frapper la tête ou le corps de votre client à quelque endroit que ce soit.

En particulier, la tête est lourde et le client ne peut pas être soutenu lorsqu'il est inconscient, il est donc nécessaire de prêter attention à la tête et de la soutenir fermement.

⑥ Entrer en état de transe

Le client est maintenant hypnotique.

Comment sortir de l'hypnose

Lorsque vous sortez de l'hypnose, vous êtes guidé pour reprendre lentement conscience, comme tout autre hypnothérapeute.

Par exemple, "Vous revenez lentement. Je me sens très détendue et de bonne humeur. Quand je compte dix, tu te réveilles. Quand vous vous réveillez, vous êtes très détendu. Il s'agira d'un État.

Parallèlement à ces conseils, comptez lentement les chiffres et encouragez-les à reprendre conscience.

Résumé

A première vue, il semble facile d'introduire l'hypnose instantanée.

Hypnose Brutale Pour Les Débutants

J'ai l'impression que vous pouvez l'essayer même si vous n'avez pas de compétences particulières, mais je ne vous recommande pas de l'essayer de manière ludique.

En même temps qu'il est dangereux, il est difficile de s'engager avec l'adversaire avec joie et, par conséquent, vous pouvez imaginer que vous ne pouvez pas bien diriger.

Comme je l'ai écrit au début, il est important de comprendre le but de l'hypnose.

L'hypnose est également appelée altération de la conscience ou transe. Entre conscience et inconscience, l'état de pensée et de somnolence juste avant de s'endormir est également proche d'un état hypnotique.

Quand nous sommes en hypnose, notre conscience est spongieuse et passive. Vous pouvez accepter les choses avec un esprit large, sans prendre les choses de manière trop critique. Vous pouvez donc écouter ce que dit le conseiller.

Une hypnose momentanée qui semble à première vue possible pour n'importe qui.

Par conséquent, la clarification de la direction de l'hypnose et de l'état souhaité par le client est probablement la clé du succès de l'hypnose instantanée.

Chapitre 6 - Comment appliquer l'autohypnose et si elle est risquée

L'auto-hypnose est littéralement de l'hypnose et se base sur la méthode de training autogène que le psychiatre allemand Dr. JH Schultz a utilisé pour préparer les nerfs autonomes vers 1930.

Il est possible d'éveiller son potentiel par l'auto-hypnose dans une certaine mesure, mais comme l'effet de l'auto-hypnose est temporaire, l'auto-hypnose peut déclencher l'éveil du talent, mais l'auto-hypnose seule est un talent.Le développement est de plus en plus difficile.

Il y a ceux qui sont enclins à l'auto-hypnose et ceux qui ne le sont pas.

Les personnes sujettes à l'auto-hypnose.

En réalité, les humains s'auto-hypnotisent sans le savoir. On le fait souvent lorsqu'on s'inspire de soi-même pour se motiver. C'est une fonction du cerveau, mais la susceptibilité à la suggestion à ce moment-là est appelée suggestion.

Les personnes à forte suggestibilité sont caractéristiques, et celles qui ont vu des fantômes, celles qui ont une forte imagination et celles dont on dit souvent qu'elles sont naturelles sont dites sensibles à l'auto-hypnose. L'auto-suggestion étant une suggestion à soi-même, les personnes qui ont un esprit direct ou qui croient en l'effet ont plus de chances d'obtenir l'auto-hypnose par la seule suggestion.

Les personnes qui sont moins susceptibles de s'auto-hypnotiser

D'autre part, les caractéristiques des personnes difficiles à auto-hypnotiser parce que l'auto-suggestion ne fonctionne pas aussi bien sont celles qui sont particulières quant à leurs opinions, celles qui ne savent pas exprimer leurs émotions et ne croient pas au pouvoir de l'hypnose. On dit que les personnes qui ne pratiquent pas l'auto-hypnose sont moins susceptibles d'en souffrir. En particulier, il est difficile de donner une nouvelle suggestion d'auto-hypnose à une personne obsédée par une idée.

Les avantages de l'auto-hypnose

Le principal avantage de l'auto-hypnose est le haut degré de liberté que vous pouvez vous suggérer à tout moment et, une fois que vous avez appris à le faire, vous pouvez toujours vous donner les suggestions dont vous avez besoin. Par exemple, une motivation accrue facilitera les actions visant à atteindre les objectifs.

Il peut également soulager la tension et le stress, et faire passer votre état d'esprit de négatif à positif.

Inconvénients de l'auto-hypnose

Inversement, il y a des inconvénients, et le plus grand inconvénient de l'auto-hypnose est qu'elle est difficile à apprendre. Même si vous essayez de maîtriser l'auto-hypnose par vous-même, de nombreuses personnes sont frustrées parce qu'elles n'y arrivent pas. Dans ce cas, si vous assistez à un séminaire ou à une conférence donnée par un hypnotiseur qui enseigne l'hypnose, on vous apprendra à appliquer l'auto-hypnose.

Hypnose Brutale Pour Les Débutants

Comment appliquer l'auto-hypnose

Voici quelques conseils pour l'auto-hypnose. Lorsque vous êtes auto-hypnotique, détendez-vous dans un endroit calme et propice à l'hypnose. Il est préférable de s'installer sur un canapé ou un futon où vous pouvez vous asseoir profondément, afin de pouvoir dormir comme vous le faites pendant l'auto-hypnose. Pour rendre l'auto-hypnose plus efficace, il est efficace de passer dans un sommeil qui devient inconscient.

La méthode d'auto-hypnose consiste à prendre une grande respiration, à inspirer lentement, à fermer les yeux, à retenir sa respiration, puis à expirer lentement. Répétez cette opération 5 fois. Puis suggérez à plusieurs reprises dans votre cœur que votre main droite est lourde. Faites de même avec votre main gauche, puis votre pied droit, votre pied gauche et enfin votre tête.

Lorsque vous entrez dans un état d'auto-hypnose, pensez à ce que vous vous dites et à une image de vous qui change. Par exemple, si vous suivez un régime, imaginez-vous mince et belle. Si vous vous sentez somnolent, vous pouvez vous endormir. Répétez cette opération tous les jours.

Suggestion pour vous-même

La suggestion requise pour l'auto-hypnose est un mot pour l'image que vous chantez dans votre cœur, mais la suggestion est indispensable pour imaginer ce que vous voulez être.

L'astuce consiste à faire la suggestion au présent progressif ou au passé. Lorsqu'il s'agit d'écrire un souhait pour l'avenir, soulignez que je ne le fais pas maintenant. Faites une suggestion comme "déjà" ou "devenir" à vous-même qui vous voulez être.

De même, faites d'une phrase suggestive une phrase positive, et non une phrase négative. L'esprit subconscient a du mal à reconnaître le déni, alors veillez à en faire une phrase positive. Si vous suivez un régime, ne dites pas "pas gros", mais faites-en une phrase positive comme "mince". À titre d'exemple d'une bonne suggestion, transformez-la en une phrase qui peut imaginer la réussite, comme "j'ai pu perdre ○ kg" ou "j'ai pu arrêter complètement de fumer".

Suggestion

L'autohypnose est une auto-suggestion. La suggestion est un "stimulus linguistique affectant les pensées et les sensations" ou un "stimulus non verbal (sensoriel)". Je comprends le stimulus linguistique, mais il signifie "je suis mince", et le stimulus non verbal a une certaine influence sur le "sens visuel", l'"ouïe", le "sens physique (sens tactile)", l'"odorat" et le "goût".

Par exemple, la création d'un aliment délicieux donne faim, ce qui est également un effet suggestif du stimulus. L'autosuggestion consiste à se donner un stimulus verbal ou non verbal.

Subconscient

Il est également important de connaître le subconscient lorsqu'on applique l'auto-hypnose, et c'est un moyen efficace de maîtriser l'auto-hypnose. Parce que l'autohypnose réécrit le subconscient.

L'auto-hypnose est-elle dangereuse?

On ne peut pas dire que l'auto-hypnose (thérapie par l'hypnose) soit totalement sûre. Car si elle n'est pas réalisée par un hypnotiseur professionnel, elle peut être trompeuse et donner des suggestions étranges. Par le passé, certaines personnes ont souffert d'un déséquilibre autonome à la suite de suggestions bizarres et d'autres sont devenues malades mentales.

L'auto-hypnose ne se fait pas par jeu, mais par développement personnel et comme moyen de résoudre les problèmes de la vie, il est inévitable de le faire à ses propres risques. Cependant, l'auto-hypnose est fondamentalement sûre, tant qu'il n'y a pas d'implications étranges. Pour ce faire, vous pouvez pratiquer l'auto-hypnose en toute sécurité en faisant des suggestions qui respectent les deux choses suivantes: "avoir confiance en soi" et "comprendre les bases de l'hypnose".

Chapitre 7 - Auto-hypnose avant le sommeil

Si vous ne parvenez pas à bien évacuer votre stress, vous risquez de ne pas pouvoir vous endormir facilement et l'insomnie peut entraîner davantage de pensées négatives.

L'auto-hypnose est une méthode permettant de rendre égales les directions de la conscience et de la subconscience (inconscient). Lorsque la conscience est orientée dans la direction opposée, le jugement est biaisé. L'auto-hypnose fait en sorte que ces deux consciences se rassemblent dans la même direction, élimine le conflit de l'esprit et examine objectivement l'esprit et la situation. En faisant cela, vous serez en mesure d'améliorer vos choix dans chaque situation". (M. Hayashi)

En outre, l'auto-hypnose semble être parfaite pour les personnes qui ont beaucoup de soucis et ne peuvent pas dormir facilement.

"L'état hypnotique de l'auto-hypnose est "l'état de relaxation de l'esprit", c'est-à-dire l'état de "faiblesse du cerveau", et on peut dire que c'est l'état final optimal de relaxation pour le sommeil.

Ne vous forcez pas à dire: "Faisons-le". Il va à l'encontre du subconscient qui tente de résoudre le problème et crée des conflits dans l'esprit, ce qui non seulement vous empêche de dormir, mais augmente également le stress. L'hypnose Si vous apprenez et pouvez voir la situation dans son ensemble, vous sentirez que vous pouvez vous inquiéter naturellement et que vous pouvez alléger votre esprit et soulager le stress de manière satisfaisante". (M. Hayashi)

Hypnose Brutale Pour Les Débutants

Selon M. Hayashi, l'auto-hypnose nécessite une "concentration en un point" pour avoir la même direction de conscience, ce qui améliore naturellement la concentration. En outre, l'auto-hypnose détend les tensions dans le cerveau, ce qui permet au subconscient de générer plus facilement de nouvelles idées et de l'inspiration.

Il semble être efficace pour améliorer les performances du travail quotidien.

Vous pouvez le faire aujourd'hui! Méthode "auto-hypnose"

Le mérite de l'auto-hypnose est que n'importe qui peut facilement l'initier à tout moment", déclare Hayashi.

"L'important est de détendre tout le corps. Comme le cerveau et le corps sont liés, le relâchement de la tension du corps entier détend naturellement la tension du cerveau" (M. Hayashi).

M. Hayashi m'a immédiatement enseigné une méthode d'auto-hypnose que même les débutants peuvent facilement pratiquer.

• Créer un état hypnotique par la seule auto-suggestion <entraînement autogène>.

"Le training autogène est une méthode d'auto-hypnose qui est aussi appelée hypnose de prélèvement et qui est utilisée dans le monde entier comme traitement des maladies mentales et comme méthode de santé mentale. Parce que vous pouvez facilement maîtriser la "concentration en un point", qui est la base de l'auto-hypnose. Recommandé pour les débutants "(M. Hayashi)

Lorsque vous effectuez un entraînement autogène, allongez-vous sur le dos sur votre futon afin de pouvoir dormir comme vous êtes, avec tous les préparatifs du coucher pour éliminer toute confusion.

Hypnose Brutale Pour Les Débutants

<Etape 1> Sentiment suggéré de lourdeur dans les membres: "Bras / jambes lourds".

D'abord, répétez à voix haute et lentement pendant environ 30 secondes, en disant "Bras droit lourd.... Bras droit lourd..." ("Bras gauche" si le bras dominant est à gauche). Après 30 secondes, ressentez le poids du bras droit suggestif tout en disant "Je me sens très calme...".

Que vous vous sentiez lourd ou non, répétez le processus consistant à tourner rapidement votre conscience vers le bras opposé et répétez la suggestion dans l'ordre suivant: bras droit → bras gauche → jambe droite → jambe gauche, et répétez jusqu'à ce que vous ressentiez une sensation de lourdeur. Lorsque vous pouvez sentir le poids des membres par suggestion, continuez avec l'étape 2.

"A cet instant, n'essayez pas consciemment de vous alourdir ou de vous forcer à vous calmer. Essayez de créer un état d'affaiblissement uniquement avec le pouvoir de suggestion lorsque vous parlez réellement. C'est parti. Si vous vous sentez plus lourd, c'est la preuve que vos muscles se sont détendus, que les vaisseaux sanguins qui étaient comprimés se sont relâchés et que votre circulation sanguine s'est améliorée. Cela peut prendre un certain temps, mais une fois que vous aurez maîtrisé cette étape, les étapes suivantes se dérouleront sans problème". (M. Hayashi)

<Etape 2> Implications de la chaleur des membres Implications: "Chaleur des bras et des jambes".

Comme à l'étape 1, cette fois-ci, suggérez "chaud" pendant environ 30 secondes, et enfin ressentez la chaleur de la partie suggérée tout en disant "se sentir très calme...". Répétez ce processus dans l'ordre suivant: bras droit → bras gauche → jambe droite → jambe gauche

→ jambe gauche jusqu'à ce que vous vous sentiez chaud. Lorsque vous pouvez sentir la chaleur de vos membres, passez à l'étape 3.

"En améliorant le flux sanguin à l'étape 1, la température du corps augmente naturellement. Renforçons et confirmons ce sentiment par des suggestions. Lorsque vous ressentez de la chaleur, vous pouvez vous détendre physiquement et mentalement. Vous devriez être dans un état. (M. Hayashi)

<Etape 3> Réglage du cœur suggéré: "Le cœur bat en silence".

Après avoir poursuivi avec l'étape 2, suggérez que "le cœur bat tranquillement" pendant environ 30 secondes, et enfin ressentez le cœur battre doucement en disant "Je me sens très calme..." Faisons ça. Si vous sentez que votre cœur est calme, passez à l'étape 4.

* Si vous avez un problème cardiaque, passez l'étape 3 et continuez avec l'étape 4.

<Etape 4> Suggestion d'ajustement de la respiration: "La respiration est facile".

Après être passé à l'étape 3, j'ai laissé entendre que "je respire très confortablement....". Je respire calmement et lentement..." pendant environ 30 secondes, et enfin "Je me sens très calme...". Comme je l'ai dit, appréciez le calme de la respiration. Si vous sentez que votre respiration est calme, passez à l'étape 5.

* Si vous souffrez d'un trouble respiratoire, sautez l'étape 4 et passez à l'étape 5.

"En faisant battre votre cœur tranquillement, votre respiration devient proportionnellement plus calme. Si vous essayez de forcer votre respiration lentement, ce sera stressant, alors évitez-le". (M. Hayashi)

<Etape 5> Suggestion de chaleur dans l'abdomen: "estomac chaud".

Après être passé à l'étape 4, suggérez que votre ventre est chaud pendant environ 30 secondes, et enfin ressentez la chaleur de votre ventre en disant "Je me sens très calme...". Si vous sentez que votre estomac est chaud, continuez avec l'étape 6.

<Etape 6> Implications de la froideur de la tête Implications: "Le front est froid".

À la fin de l'étape 5, suggérez que votre front est frais pendant environ 30 secondes et, enfin, prêtez attention à la fraîcheur de votre front en disant "Je me sens très calme...".

"Lorsque vous pouvez sentir le froid de votre front, vous aurez la "fièvre du pied froid" qui est considérée comme l'état le plus sain de votre corps, et votre esprit sera dans un état complètement stable. Le stress est complètement digéré, c'est donc la meilleure condition pour étudier et travailler". (M. Hayashi)

"L'idéal est de faire les étapes 1 à 6 pendant 5 à 10 minutes, une fois par jour, 5 minutes immédiatement après le réveil le matin et 10 minutes avant d'aller se coucher", explique Hayashi. Si vous le faites avant d'aller vous coucher, vous vous sentirez à l'aise et vous pourrez vous endormir sans problème.

"Auto-hypnose" qui soulage bien le stress et améliore la qualité du sommeil. Vous pouvez reposer votre corps et votre esprit et améliorer vos performances professionnelles. Si vous voulez "vous sentir positif" mais que cela ne fonctionne pas, pourquoi ne pas commencer par vivre "un état de relaxation de votre esprit et de votre corps" de cette manière?

Chapitre 8 - Auto-hypnose instantanée et régression en âge

Lorsque vous envisagez l'auto-hypnose instantanée, vous devez vous demander: **Que signifie le temps pour vous?** Comment l'imaginez-vous?

Nous le voyons tous différemment. Si je vous demande d'imaginer votre passé, où le voyez-vous?

L'imaginez-vous juste derrière vous ou sur le côté? Ou peut-être que c'est à un angle.

Et quand je vous demande d'**imaginer l'avenir**, le voyez-vous devant vous ou de l'autre côté de vous?

En vous déplaçant du passé vers le futur, imaginez-vous que le temps passe à travers votre corps ou d'un côté de celui-ci? Peut-être n'imagine-t-il ni l'un ni l'autre. Vous pouvez le voir ou le ressentir d'une manière complètement différente.

Quand tu es assis avec une jolie fille pendant deux heures, tu penses que ce n'est qu'une minute. Mais quand vous vous asseyez sur une cuisinière chaude pendant une minute, vous pensez que c'est deux heures. C'est la relativité:

Einstein

Hypnose Brutale Pour Les Débutants

Régression en âge et auto-hypnose instantanée: comment imaginer le passé?

Vous voyez, il n'y a pas de bonne ou de mauvaise réponse à cette énigme. Nous avons tous notre propre opinion à ce sujet.

Il semble que la plupart d'entre nous voient le passé derrière nous ou d'un côté, et l'avenir devant nous ou de l'autre côté.

Prenez un moment pour y réfléchir.

Fermez les yeux, imaginez le passé et suivez la direction de votre ligne de temps personnelle. D'abord, pensez à quelque chose qui s'est passé hier.

Puis la semaine dernière. Puis le mois dernier. Puis il y a un an. Il y a cinq ans, et ainsi de suite.

Maintenant, quand je pense à ces choses, elles étaient toutes dans des positions différentes, n'est-ce pas? Et je ne doute pas qu'ils étaient de tailles différentes.

Régression en âge et auto-hypnose instantanée: Progression en âge

C'est l'une des façons dont nous donnons un sens au temps dans notre esprit. Maintenant, pensez à l'avenir. **Faites le même genre d'exercice**.

Fermez à nouveau les yeux. Pensez à quelque chose que vous ferez probablement demain.

Maintenant, pensez à quelque chose que vous pourriez faire la semaine prochaine. Puis dans quelques mois (peut-être des vacances). Alors, regardez vers l'avenir. Voyez comment il s'étend.

Là encore, les différentes images que vous réalisez peuvent être de tailles différentes et à des endroits différents.

Régression en âge et auto-hypnose instantanée: flotter au-dessus de votre ligne du temps

Maintenant **que vous avez établi votre calendrier,** vous pouvez l'utiliser à votre avantage pour une auto-hypnose instantanée.

Tout d'abord, il peut être merveilleusement relaxant de flotter simplement le long de votre ligne de temps de temps en temps.

Vous aimeriez peut-être revenir en arrière et revivre un souvenir heureux avec un être cher que vous ne voyez plus, ou voyager dans votre avenir pour voir ce que vous pourriez réaliser.

Lorsque vous **vous projetez dans l'avenir**, imaginez une longue route à perte de vue et élargissez-la pour pouvoir y faire entrer tout ce que vous voulez faire.

Lorsque vous faites le bilan de votre vie, remontez aussi loin que possible dans vos premiers souvenirs. Vous pourriez être surpris de ce dont vous pouvez vous souvenir.

Faites l'exercice de cette manière, mais lisez toutes les instructions avant de commencer.

Régression en âge et auto-hypnose instantanée: marquer le présent

Hypnose Brutale Pour Les Débutants

Fermez les yeux. **Imaginez que vous vous trouvez sur votre ligne de temps au moment présent.** Pour ne pas perdre votre place, placez une grande hampe de drapeau imaginaire sur le sol, immédiatement à l'endroit où vous vous trouvez.

Ensuite, flottez dans le ciel au-dessus de votre ligne de temps afin de la voir s'étendre dans le futur.

Puis retournez-vous et regardez-la en remontant jusqu'au moment de votre naissance (et même au-delà si vous le souhaitez).

Commencez maintenant à flotter doucement à rebours le long de votre ligne de temps, en regardant d'abord les événements les plus récents de votre vie et, à mesure que vous reculez, en visualisant et en vous remémorant progressivement des souvenirs plus lointains.

Pendant que vous faites cela, **rappelez-vous les sentiments que vous avez ressentis à ce moment-là.** Rappelez-vous les odeurs associées à ces souvenirs. Au fur et à mesure que vous regardez les images, remplissez-les de couleurs et agrandissez-les.

En utilisant chacun de vos sens de cette manière, vous serez surpris par les souvenirs qui commenceront à affluer, car le cerveau utilise tous ces sens pour se rappeler vos souvenirs.

Ils sont tous cachés en vous. Il s'agit simplement de les récompenser.

Lorsque vous êtes revenu à l'endroit où vous pouvez vous souvenir du jour, commencez à flotter doucement vers le présent jusqu'à ce que vous voyiez le mât du drapeau sur le sol. **Puis descendez lentement vers le sol et détendez-vous.**

Vous constaterez que si vous faites cet exercice plusieurs fois à des jours différents, un nouveau souvenir apparaîtra à chaque fois. Plus vous pratiquerez, plus vous découvrirez de choses.

Régression en âge et auto-hypnose instantanée: surmonter un défi

Imaginez maintenant que vous ayez un défi à relever à un moment donné dans un avenir pas trop lointain. Ça peut être n'importe quoi. Elle est peut-être associée à votre travail, à un événement sportif, à un examen ou à un entretien d'embauche. Ce ne sont que des exemples, bien sûr.

Fermez les yeux et imaginez votre ligne de temps. Placez le drapeau sur le sol pour marquer le présent, élevez-vous au-dessus de la ligne de temps et commencez à flotter à reculons.

Peut-être qu'à un moment donné dans votre passé, **vous avez surmonté un défi similaire**. Ce n'est peut-être pas exactement la même chose, mais nous avons tous surmonté des difficultés et des défis à un moment donné de notre vie.

Maintenant, revenez en arrière juste avant de relever ce défi. Voir comment vous étiez. Ressentez ce que vous avez ressenti. Écoutez ce que vous avez entendu. Visualisez-vous en train de relever le défi et de le surmonter.

Flottez un peu en avant du moment où vous avez surmonté le défi. Ressentez l'énorme satisfaction que vous avez ressentie alors. Notez ce que vous avez fait pour surmonter ce défi.

N'oubliez pas qu'une fois que vous aurez rassemblé toutes vos ressources, la tâche ne sera peut-être pas aussi difficile que vous le pensiez.

Maintenant, revenons au présent. **Continuez à survoler la ligne de temps.** Flottez dans le futur juste avant le défi que vous allez devoir relever.

Appelez les ressources que vous avez utilisées la dernière fois. Rappelez-vous toutes ces nouvelles ressources que vous avez apprises depuis et mettez-les ensemble.

Imaginez-vous maintenant en train d'utiliser ces ressources, de relever le défi et de le surmonter avec succès.

Réfléchissez aux moments qui suivent votre succès et voyez comme vous vous sentez bien.

Lorsque vous êtes prêt, revenez dans le présent et descendez au sol.

Régression en âge et auto-hypnose instantanée

Votre ligne de temps, utilisée de cette manière pour une auto-hypnose instantanée, est un **outil fantastique pour la relaxation et l'accomplissement.**

Pendant que vous êtes enfermé dans votre imagination, vous êtes totalement absorbé et c'est le meilleur moyen d'obtenir un auto-hypnotisme instantané. C'est une méthode que j'utilise et que je recommande vivement.

Hypnotisme et PNL - Qu'est-ce que c'est?

L'hypnose et la PNL sont aujourd'hui souvent liées car l'hypnotisme est un bon moyen d'introduire des **bénéfices dans l'inconscient**.

Qu'est-ce que l'hypnotisme? Malheureusement, les hypnotiseurs de théâtre et le film *The Ipcress File*, entre autres, ont créé une idée fausse et répandue selon laquelle il est possible de contrôler l'esprit des autres au point de les faire passer pour des idiots sur scène ou, à l'extrême, de les programmer pour qu'ils commettent un meurtre.

Aucune de ces versions n'est la vérité, toute la vérité et rien que la vérité.

Les grands esprits ont toujours fait face à une violente opposition de la part des esprits médiocres.

Albert Einstein

Hypnose et PNL - Hypnotisme par étapes

Si votre expérience de l'hypnose et de la PNL se limite à regarder des hypnotiseurs de théâtre se produire à la télévision, vous n'avez pas vu ce qui se passe lors d'une représentation en direct lorsque, avant le début du spectacle, l'**hypnotiseur demande des volontaires** pour l'assister.

Si vous avez un jour eu l'intention d'être l'un d'entre eux, vous savez que vous avez failli mourir dans la course à la scène lorsqu'une horde d'extravertis s'est précipitée sur la scène dans l'espoir d'être sélectionnés.

La vérité est que si l'hypnotiseur demandait à la plupart d'entre eux d'agiter les bras et de se pavaner sur la scène en gloussant comme un poulet, il ne serait pas nécessaire de les hypnotiser d'abord ; **ils le feraient de toute façon.**

Hypnose et PNL: calibrer l'audience

Les hypnotiseurs de scène ont l'habitude de **jauger leur public** et d'observer qui est le plus susceptible d'être obéissant et qui ne l'est pas, qui est le plus susceptible de se plier à leur volonté.

Si quelqu'un vous dit qu'il ne se souvient de rien entre le moment où il a été hypnotisé et celui où il a regagné sa place dans l'auditorium, prenez cette information avec une grande cuillerée de sel.

Les gens reçoivent ce degré d'inconscience quand ils sont profondément endormis ou morts! Cette idée est bien connue de ceux qui pratiquent sérieusement l'hypnotisme et la PNL.

Hypnose et PNL - Le rêve éveillé

Il serait peut-être plus approprié de décrire l'hypnotisme comme une **sorte de rêverie**, lorsque l'esprit se sépare et qu'une partie de vous travaille en pilote automatique tandis que l'autre entre dans un état de rêve.

Nous décrivons cela comme le fonctionnement de l'esprit conscient ou inconscient (certains disent "subconscient").

L'esprit n'est pas vraiment divisé, bien sûr, mais c'est une façon commode de décrire le processus.

Hypnose et PNL: ne pouvez-vous pas hypnotiser?

Je vous entends déjà dire "Je n'ai jamais été hypnotisé" ou **"Il est impossible de m'hypnotiser"**.

N'êtes-vous jamais monté dans un ascenseur pour en ressortir un peu plus tard au mauvais étage, pour y remonter aussitôt après vous être rendu compte de votre erreur?

Ou bien **avez-vous déjà conduit une voiture sur un itinéraire familier pendant plusieurs kilomètres** pour vous rendre compte que, pendant une longue période, vous n'aviez pas réalisé que vous conduisiez, que vous ne vous souveniez pas avoir passé certains points de repère sur la route et que votre esprit était complètement ailleurs?

Ou ne vous êtes-vous jamais permis d'aller ailleurs pendant que quelqu'un d'autre parlait longuement pour ensuite vous rendre compte que vous n'aviez pas entendu un mot? Vous avez peut-être dit "Mon esprit a vagabondé".

Mais **c'était une expérience hypnotique**. Votre esprit n'a pas "erré" quelque part ; il est toujours là où il est dans votre tête.

Hypnose et PNL - Coopération

Lorsque vous êtes dans cet état de rêve, où un praticien compétent en hypnotisme et en PNL peut vous placer, on pense que vous êtes **plus sensible aux suggestions** qui peuvent vous aider.

Le processus nécessite votre coopération et votre volonté de suivre le traitement.

Toute suggestion de faire quelque chose que vous trouvez répugnant ou offensant fera immédiatement **apparaître l'e-**

statistique du rêveur, ou "transe", comme l'appellent les hypnotiseurs.

Le plus grand hypnotiseur moderne

L'un des **plus grands hypnotiseurs vivants est Richard Bandler**, cofondateur de la PNL ou programmation neurolinguistique ; l'hypnotisme et la PNL sont ses points forts.

Richard Bandler était un modéliste informatique et un étudiant diplômé lorsqu'il s'est associé au professeur d'université John Grinder pour tenter d'identifier les éléments du génie chez les personnes talentueuses.

L'un d'eux était **Milton H Erickson MD, le père de l'hypnose médicale**. Scientifiquement, les compétences et les réalisations d'Erickson étaient stupéfiantes.

Ensemble, ils ont découvert le comportement extrêmement complexe dont Erickson faisait preuve en induisant des états de conscience hypnotiques.

Mais en même temps, ils ont observé que leur comportement avait des schémas distinctifs et était systématique.

Mon expérience de l'hypnose

Je ne doute pas que certains lecteurs auront assisté aux conférences et séminaires de Richard et auront peut-être même eu le privilège d'être hypnotisés par lui, comme je l'ai été. **Une partie fondamentale de la technique d'enseignement de Richard Bandler consiste à hypnotiser ses étudiants.**

Hypnose Brutale Pour Les Débutants

Au cours d'une journée de séminaire, deux ou trois étudiants (peut-être plus) seront invités sur scène et hypnotisés pour démontrer un point d'enseignement.

Le reste du public le verra paralysé en pensant qu'il s'agit de la personne assise à côté de Richard Bandler, alors que pendant ce temps, il **les met tous en transe**.

Il n'aime pas que les gens prennent des notes pendant ses séminaires. Il pense que c'est inutile. Sa technique est déjà assez bonne. Ici, l'hypnotisme et la PNL vont de pair.

Je me rappelle être assis à côté de Richard ce jour-là. Nous avons eu une brève conversation, puis Richard s'est tourné vers le public et a semblé lui parler, lui raconter des histoires et s'engager dans la pratique de ce que j'ai appris par la suite qu'on appelait des "boucles imbriquées".

Richard dit à ses élèves de se mettre d'abord dans l'état, donc quand il m'a hypnotisé, **il était lui-même en état de transe.**

Il m'a demandé de regarder dans ses yeux rêveurs, puis s'est adouci, et il est alors difficile de ne pas entrer dans le même état de transe.

C'est une sorte d'état empathique, comme lorsqu'un membre de la famille bâille et que vous ne pouvez vous empêcher de bâiller à votre tour.

L'objectif

Hypnose Brutale Pour Les Débutants

Le but de l'hypnose avec Richard était d'amener tout le monde (moi en particulier) à **se détendre et à prendre les choses moins au sérieux**.

J'étais conscient que pendant l'induction, il ancrait constamment les suggestions en me touchant.

Il m'encourageait à penser à des choses sérieuses qui m'étaient arrivées et je me souviens, dans cet état de rêve, avoir ri et ri. Maintenant, rien de répréhensible ou d'horrible n'est arrivé.

Si j'avais fait cela, j'étais conscient que j'aurais pu **briser cette transe et quitter la scène**. Au contraire, je me suis sentie très bien et très heureuse.

Le moment le plus drôle, pour moi et pour tout le monde, je pense, a été lorsque Richard m'a fait sortir de ma transe et m'a demandé de lui rappeler quelque chose d'extrêmement sérieux.

Chaque fois que je me souvenais de quelque chose de vraiment sérieux, je **riais**... et riais... et riais... et riais jusqu'à ce que des larmes coulent sur mes joues et que mes lunettes soient mouillées.

Bien sûr, plus je riais, plus le public riait et l'exercice de relaxation était réussi - je n'ai certainement pas besoin d'être convaincu de l'hypnotisme et de la PNL!

Hypnose et PNL - Histoires

Des histoires magiques pour enfants qui vous font rentrer en vous et utiliser votre imagination pour vous emmener dans un autre monde, et pendant que vous y êtes, vous pouvez être complètement inconscient de ce qui se passe autour de vous. C'est une bonne illustration d'une sorte d'auto-hypnose. Vous pourriez en faire l'expérience en lisant pour vous-même, ou à haute voix pour un enfant, le livre phénoménal de Victoria Bennion, *Legend of the Golden Carp*. Voyez l'émerveillement dans les yeux de l'enfant qui est transporté ailleurs.

Des résultats incroyables

Mais au cours des séminaires de Richard Bandler auxquels j'ai assisté, je l'ai vu mettre des gens sous hypnose et **obtenir des résultats merveilleux, dont** certains ont permis de guérir des phobies de longue date, mais surtout une dame qui a été libérée d'un **stress post-traumatique après avoir participé à des attentats terroristes.**

En savoir plus

Ainsi, au lieu d'éviter l'hypnose, vous pourriez vouloir en savoir **plus sur l'hypnotisme et la PNL.**

Même si vous ne souhaitez pas apprendre l'hypnose et la PNL pour les utiliser sur les autres, apprenez à vous hypnotiser vous-même.

Mettez-vous dans l'état que vous souhaitez et vous serez étonné de voir comment vous pouvez améliorer votre vie.

Chapitre 9 - Scripts d'auto-hypnose de haute guérison

Dans cette partie, nous vous fournissons un large éventail de scripts d'auto-hypnose rapides afin que vous puissiez les utiliser et commencer à atteindre tous les objectifs que vous vous êtes fixés. Vous vous demandez peut-être par où commencer à ce stade, et la réponse est partout. En commençant par l'objectif de développement personnel qui vous inspire le plus ou qui vous semble nécessaire pour votre vie, vous devez examiner les autres. Cela s'explique par le fait que la réalisation de tous nos objectifs de vie dépend essentiellement de notre motivation personnelle.

Voici comment utiliser les scripts d'auto-hypnose instantanés.

Dans un premier temps, parcourez tous les titres des scripts d'auto-hypnose pour découvrir celui qui correspond le mieux à vos objectifs actuels.

Aucun script correspondant à vos objectifs? Pas besoin de s'inquiéter. Dans le chapitre suivant, vous apprendrez à écrire vos propres scripts en toute simplicité.

Sans aucun doute, vous disposerez d'un outil fantastique pour maximiser les résultats de tout ce que vous voulez dans la vie.

Utilisez les programmes d'auto-hypnose instantanée en suivant les étapes suivantes:

1. décidez du scénario qui correspond le mieux à votre objectif actuel. Chaque session doit avoir un seul script.

2. Lorsque vous êtes prêt, choisissez un endroit où vous pouvez être seul pendant 10 à 20 minutes.

3. s'asseoir dans une position détendue. Évitez autant que possible de vous allonger, car si vous vous détendez trop, vous risquez de vous assoupir.

4. Si vous le souhaitez, jouez de la musique instrumentale douce. Vous devez veiller à ce que la musique soit apaisante, par exemple une musique de fond.

5. Ouvrez le script que vous avez précédemment sélectionné. Essayez de ressentir l'expression de chaque mot en le lisant lentement. Laissez-vous séduire par ses images mentales.

6. Lisez "L'Éveil" à haute voix après avoir fini de lire toutes les idées du scénario. Il est vrai que vous pouvez sortir de l'hypnose progressivement et organiquement sans lire cette section. Cependant, vous pouvez en sortir rapidement et efficacement en lisant "L'Éveil".

Pour être efficace et commencer à constater des résultats, gardez à l'esprit qu'il ne doit y avoir qu'un seul objectif par session. Si vous le souhaitez, vous pouvez décider d'un objectif pour le matin et d'un autre pour le soir. Concentrez-vous sur ces objectifs et continuez à y travailler jusqu'à ce que vous sentiez que vous pouvez continuer sans eux.

Planifier pour travailler vers votre objectif

Assurez-vous d'avoir lu attentivement le scénario avant de décider de ce que vous allez commencer à faire. Vous pouvez vous assurer que tout est fait de cette manière pour répondre à vos besoins.

Une ou deux solutions peuvent ne pas vous convenir. Pas de problème, vous pouvez les écrire et les supprimer. Comment? Vous le découvrirez dans le prochain chapitre. Par conséquent, c'est aussi une excellente idée si vous voulez lire le chapitre suivant et revenir ensuite pour modifier complètement les scripts selon vos besoins.

En quête de résultats

Il est très fréquent que les gens se demandent quand et comment ils vont commencer à voir des résultats après avoir commencé à utiliser des séances rapides d'auto-hypnose.

Bien que chacun ressente les bénéfices différemment et à des moments différents, il est vrai que la personne typique commence à remarquer des changements significatifs entre la troisième et la cinquième session d'auto-hypnose immédiate.

En fonction de sa réceptivité à la suggestion, une autre personne peut avoir besoin de deux séances ou peut-être d'une seule.

Quels changements pouvons-nous attendre? Là encore, cela dépend de l'individu et des objectifs que vous avez fixés pour les séances. Vous commencerez à remarquer des changements dans votre façon de voir la vie, votre façon de penser et bien plus encore. Par exemple, vous commencerez à réfléchir davantage à la vie de vos rêves et à la manière d'y parvenir.

Il est conseillé d'effectuer un minimum de 7 séances pour chaque objectif, même si vous faites partie des personnes qui ont constaté des améliorations après la première séance d'auto-hypnose immédiate. Même les hypnothérapeutes affirment que 21 jours de traitement, à raison d'une séance par jour, sont nécessaires pour une transformation durable.

Vous pouvez donc choisir la quantité en fonction de ce que vous ressentez. Mais veillez à effectuer au moins 7 séances pour chaque objectif.

Mais que faire si, après toutes les séances, je ne vois aucun progrès? En réalité, très peu de personnes qui utilisent cette approche du développement personnel n'obtiennent pas de résultats. Gardez également à l'esprit qu'il n'y a que des leçons à tirer ; il n'y a pas d'échecs. Pensez-y: Edison a-t-il essayé de créer l'ampoule électrique et a échoué plusieurs fois? ou avait-il simplement des centaines de façons d'éviter de produire une ampoule électrique? Vous ne voyez que ce que vous percevez.

Comment s'auto-induire en lisant

(Lire à haute voix)

J'apprécie la sensation de recueillement et de chaleur, et lorsque je parle lentement et doucement, je laisse le son de ma propre voix détendre mon corps et mon esprit. Mon corps a l'impression que tout va lentement.

Je ressens une sérénité et une tranquillité absolues avec chaque mot que je lis et chaque son que je fais.

"Lorsque mes pensées s'éclaircissent, j'utilise mon imagination pour me détendre encore plus pendant que je lis. Je m'imagine me détendre dans un fauteuil confortable sur une plage magnifique. Je vois le beau sable doré qui m'entoure et les vagues rugissantes au bord de la mer. Je reste avec le son merveilleux et apaisant de l'eau.

"La brise parcourt tout mon corps, je la sens. Chaque fois que la brise passe, je remarque qu'elle soulage l'anxiété ou l'inquiétude que je peux avoir, et je me sens plus calme. A chaque fois, mon état de calme s'approfondit.

"Je remarque que mon corps se détend encore plus... et plus... et plus quand j'inspire et expire lentement".

"Je sens le cuir chevelu se détendre, puis l'ensemble du visage, les hanches, le bassin et les fesses, et je laisse toute tension ou anxiété s'éloigner doucement et tranquillement dans la brise caressante", explique l'orateur.

"Mes jambes sont si confortables, et même mes pieds et mes orteils sont chauds et douillets", a déclaré l'orateur.

Je m'imagine en train d'escalader une grande structure contemporaine et familière au fil de ma lecture. Je pénètre dans le magnifique hall d'entrée après avoir franchi l'imposant portail. Un agent de sécurité est posté à l'intérieur des locaux pour me protéger des intrus.

"Le garde me regarde et sourit de joie en reconnaissant que je suis le propriétaire du bâtiment. Le garde fait une vraie fonction pour moi. Je me retourne pour le regarder et le remercier d'un geste pour son excellent travail avant de me diriger vers l'ascenseur.

Dans le miroir de l'ascenseur, j'ai l'air étonnamment bien. J'ai l'air à l'aise, confiant et satisfait de ce que je suis. Une fois dans l'ascenseur, j'utilise le numéro dix vers le bas.

"Dès que les portes de l'ascenseur se ferment, je commence à descendre. Au fur et à mesure que l'on descend, le numéro correspondant à chaque étage s'allume.

"Un... Pendant la descente de l'ascenseur, je considère les statistiques. Avec chaque nouveau numéro, je me détends encore plus.

"Deux... Je me déballe plus profondément".

Trois... Je serai profondément hypnotisé lorsque j'arriverai à la dixième histoire.

Quatre: "Je suis enchanté mais conscient de mon environnement, et je suis ouvert aux recommandations".

Hypnose Brutale Pour Les Débutants

"Cinq... Je suis calme et incroyablement à l'aise.

"Six", je vois le compteur changer au fur et à mesure que je monte et descends les étages.

"Seven" approfondit ce point, et je suis calme et vraiment détendu.

"Huit... Je me sens en sécurité, calme et complètement à l'aise.

Neuf... Je peux facilement entrer en hypnose tout en gardant les yeux ouverts.

"Dix... Maintenant, je peux voir la lumière au numéro 10 car l'ascenseur s'est enfin arrêté. Je viens d'être hypnotisé.

" Les portes s'ouvrent et je pénètre dans une pièce décorée avec goût. Dans cet endroit, je me sens serein et totalement à l'aise.

"Je prends un livre et je tombe en transe. Je m'ouvre aux recommandations et commence à lire.

"A ce stade, vous êtes paralysé avec vos yeux ouverts. Vous êtes maintenant accessible. Pendant que vous lisez les recommandations pour votre objectif, vous restez hypnotisé. Votre esprit est également immergé dans toutes les suggestions comme une éponge dans l'eau. Vous pourriez probablement lire "Awaken" alors que vos yeux sont encore ouverts et en transe. Maintenant, vous maintenez votre calme et votre concentration tout en lisant le script de votre choix.

(Allez au script qui répond le mieux à vos objectifs)

Qui a dit que tu étais stressé? Détente profonde

Quelle que soit la cause du stress, les recommandations suivantes visent à réduire et/ou à éliminer les symptômes généraux d'anxiété et de tension nerveuse.

"Maintenant, je me débarrasse de tous les soucis et de la nervosité que je pourrais avoir pendant la journée".

Chaque jour de ma vie, je ressens le même niveau de calme total et de relaxation que maintenant. Je libère toute réticences et tension, et libère mon corps et mon esprit de toute anxiété pour toujours.

"Je commence à me rendre compte que mon corps a trop de tension dans les muscles. Après avoir pris conscience de cela, je prends le temps de respirer profondément. Mon corps commence à se détendre à mesure que j'expire, et je commence immédiatement à me sentir mieux. Je laisse partir les sentiments et les pensées d'inquiétude que je peux éprouver en relâchant toutes les tensions. Comme il est très difficile de se sentir anxieux ou tendu lorsque mon corps est détendu, c'est ma nouvelle réalité: je suis toujours calme.

"Désormais, je me sens calme et concentré sur mes tâches quotidiennes. Je suis de bonne humeur tout au long de la journée. Je suis conscient que la vie est merveilleuse. Que ce soit avec mon partenaire ou avec d'autres personnes, je me sens incroyablement à l'aise. Maintenant que j'utilise mieux les ressources énergétiques de mon corps, celui-ci est en meilleure santé. Les pensées anxiogènes disparaissent comme des gouttes d'eau lors d'une journée chaude et ensoleillée, et je me sens vraiment optimiste quant à tous mes projets.

Je prends le temps dont j'ai besoin pour apprécier les personnes, les lieux et les activités de ma vie quotidienne.

"Je me vois me réveiller à une nouvelle journée en me sentant complètement à l'aise. Je m'imagine en train de m'étirer et de bailler alors que je ressens un profond sentiment de calme et d'espoir pour l'avenir. Je me sens revigorée, je reconnais combien il est merveilleux d'être libérée de l'anxiété et j'attends avec impatience chaque moment de cette merveilleuse journée.

"Je prends la décision d'être complètement calme et libre de toute anxiété à l'avenir. Je serre légèrement les poings, je respire profondément et je compte lentement jusqu'à trois si je commence à ressentir de la nervosité. 1... 2... 3... Je me sens incroyablement bien et à l'aise. Voici ma nouvelle réalité: je suis une personne détendue qui ne s'inquiète pas parce que j'apprécie constamment la beauté de la vie et de moi-même.

Le réveil

"Je sortirai de l'hypnose quand j'entendrai le compte de cinq. Je serai pleinement éveillé et alerte lorsque j'atteindrai le chiffre cinq.

"UN... Je commence à sortir de l'hypnose. DEUX... Je commence à faire attention à ce qui m'entoure. TROIS... J'espère que les résultats de cette session seront fructueux. QUATRE... Je me sens revigoré et revitalisé. Je suis maintenant pleinement éveillé, attentif, je me sens mieux et j'ai beaucoup d'énergie après avoir compté jusqu'à cinq.

Comment s'amuser le plus possible

Les conseils proposés ici ont pour seul but de vous aider à vous affirmer davantage dans les situations sociales. Avec eux, vous vous sentirez détendu, vous passerez un bon moment et vous serez capable d'engager et de maintenir des conversations.

"J'apprécie maintenant les situations sociales" "Je m'amuse maintenant dans les réunions et je peux facilement participer aux conversations et aux fêtes. Je m'autorise à apprécier les situations sociales. Lors d'activités avec des amis, des proches et même des inconnus, je laisse l'anxiété et la tension disparaître et j'ai plus de plaisir".

"Dans tous les aspects sociaux, je deviens plus énergique".

"Je m'amuse beaucoup avec une confiance incroyable, que ce soit avec des amis, des collègues de travail ou des inconnus".

"Je m'engage dans de brèves conversations avec des personnes dans des contextes sociaux sans anxiété et avec confiance, me sentant à l'aise et en harmonie avec l'environnement".

Il s'est comporté comme s'il l'était vraiment. Je reste toujours fidèle à moi-même. Je partage mes réflexions sur le sujet et je suis heureux de le faire. Je laisse mon discours couler facilement et organiquement".

"J'arrive à des événements sociaux avec des inconnus et j'engage la conversation".

Les discussions de groupe éveillent ma curiosité et je prête attention à ce que les autres ont à offrir. Ensuite, j'affirme mon point de vue, en me rendant compte de l'importance que chacun trouvera à mon point de vue.

"Je peux être un grand atout dans les milieux sociaux. Il est très important pour moi d'être présent à ces événements. Ma participation est toujours appréciée. Je suis conscient que les gens m'acceptent tel que je suis. Je suis toujours libre d'être qui je suis. J'ai décidé de commencer à participer aux conversations autour des fêtes à partir de maintenant, et j'aime beaucoup cela".

"Je ris quand j'ai envie de rire. Je danse si j'en ai envie. Je décide de participer à des divertissements et des jeux.... Je leur montre sincèrement mon charme fantastique et je les laisse se réjouir de ma compagnie".

"Je m'imagine en train de m'amuser à une fête avec des amis et de parfaits inconnus. Quand quelqu'un dit quelque chose de drôle, je m'imagine en train de rire. Il me fait penser à un souvenir humoristique, que je partage ensuite avec les autres. J'aime ce que je fais.

"Je me sens confiant et à l'aise dans ma propre peau. Je m'entends parler et exprimer mes connaissances et mes pensées, et en voyant ceux qui m'entourent acquiescer, je suis conscient que j'ai des connaissances et que les autres pensent la même chose de moi".

"J'aime me mêler à tout le monde, que ce soit dans les réunions, dans les conversations informelles ou dans les fêtes.

"Je peux aborder un étranger avec aisance, avec un sourire charmant et une confiance incroyable, me présenter et entamer une conversation. Je me sens libéré. Je me rends compte à quel point il est facile de se détendre et d'être soi-même dans chaque réunion à laquelle je participe".

"Je passe un si bon moment que j'attends maintenant avec impatience le prochain événement... le prochain événement, la prochaine réunion ou le prochain rassemblement social.

"Je me sens obligé de prendre la parole lors de conférences et de faire connaître mes idées. Quand je parle, ma voix est confiante et claire. Je reconnais aujourd'hui que mes mots ont une valeur énorme, tant pour moi que pour la personne qui les écoute lorsqu'un garçon ou une fille entame une conversation avec moi.

"Je me défoulais naturellement et m'amusais dans les situations sociales, tout comme je le fais maintenant lorsque je parle à des amis, des collègues de travail et même à de parfaits inconnus".

"Lorsqu'il y a des jeux ou des danses lors d'événements, je sais généralement tout de suite si c'est quelque chose que je veux faire ou que j'aime. Si c'est le cas, je vais participer et me donner la permission de m'amuser autant que possible. Je passe un bon moment. Je me détends et je m'amuse. Maintenant, je l'apprécie davantage.

C'est ma nouvelle réalité. Je passe un meilleur moment lors des réunions, des fêtes et de tout autre événement social auquel je choisis de participer parce que je me sens détendue, heureuse et confiante. "

Le réveil

"Je sortirai de l'hypnose quand j'entendrai le compte de cinq. Je serai pleinement éveillé et alerte lorsque j'atteindrai le chiffre cinq.

Hypnose Brutale Pour Les Débutants

"UN... Je commence à sortir de l'hypnose. DEUX... Je commence à faire attention à ce qui m'entoure. TROIS... J'espère que les résultats de cette session seront fructueux. QUATRE... Je me sens revigoré et revitalisé. Je suis maintenant pleinement éveillé, attentif, je me sens mieux et j'ai beaucoup d'énergie après avoir compté jusqu'à cinq.

Leadership illimité dans les affaires

Les conseils suivants sont destinés à aider les personnes à s'affirmer davantage au travail et dans d'autres contextes professionnels. Permettez-vous de réussir professionnellement de cette manière.

"Je suis très confiant dans mon métier et dans ma carrière, et je suis trop énergique.

"Aujourd'hui, je m'efforce de m'affirmer dans tous les environnements professionnels. Je veux que mes efforts soient reconnus et que mes idées originales le soient aussi. Je choisis de m'exprimer et de transmettre mon point de vue aux responsables, aux employés et aux partenaires commerciaux.

"En ce moment, j'aspire à la réussite professionnelle dont j'ai toujours rêvé. J'exerce mes fonctions avec efficacité et confiance afin d'imaginer des solutions toujours plus innovantes à tout problème pouvant me toucher, toucher mes partenaires ou mes collègues.

"J'exprime mes idées professionnelles avec confiance et détermination. Je m'engage à accomplir mon travail au mieux de mes capacités. Lorsque je suis interrogé par des patrons ou des collègues, je réponds avec confiance et sang-froid. Je fais connaître mes compétences aux autres et je suis enthousiaste et fier du travail que je fais."

"J'aime assister aux réunions de travail et, lorsque j'ai quelque chose à dire, je saisis l'occasion. Au travail, je me sens courageuse et je m'accorde le mérite de mes connaissances et de mes compétences.

"Je peux gérer n'importe quelle situation dans l'organisation avec sang-froid, efficacité et intelligence".

"Mes coéquipiers me font sentir important. Chaque action que je fais est significative. Je suis important. La réussite me permettra de postuler à des promotions lorsqu'elles seront disponibles. Je peux avoir plus de succès parce que je suis capable de le faire.

"J'espère réussir. À ce stade de ma carrière professionnelle, je mérite un accomplissement. J'ai pleinement confiance en mes compétences et mes capacités.

"Je m'imagine assis à des tables de conférence, profondément confiant dans mes compétences et mes capacités. En compagnie de plusieurs partenaires commerciaux, je me sens sûr de moi. J'ai une foi inébranlable en mes capacités".

"Je suis conscient et fermement convaincu que le succès de l'entreprise dépend fondamentalement de mon point de vue. Je propose donc de partager mes concepts commerciaux et de saisir les opportunités qui se présentent.

"Lorsqu'une réunion s'achève, je m'imagine approcher l'homme d'affaires le plus puissant présent et parler avec éloquence et assurance de mon travail et de mes concepts. Mes suggestions sont reçues avec beaucoup d'enthousiasme et j'ai l'occasion de les mettre en pratique".

"J'ai un fantastique sentiment de réussite lorsque je quitte les salles de conseil, sachant que lorsque je crois en moi, je m'améliore dans mon travail et je me rapproche de plus en plus du succès que j'ai toujours voulu et que je suis maintenant plus près d'atteindre."

"Parce que je suis fier de mon travail, je m'imagine faire ce que je suis capable de faire. J'entends toujours dire que quelqu'un apprécie mon travail d'une manière nouvelle. J'entends dire que les gens sont fiers de travailler avec moi. J'entends les gens me féliciter".

"A partir de maintenant, je gagnerai dans tous les litiges commerciaux. Je me sens à l'aise et confiant lorsque je discute de mes idées avec des hommes d'affaires. Je partage mes connaissances professionnelles avec les gens quand il le faut, et quand je le fais, ma voix est claire et confiante.

"Je ne veux pas qu'on se moque de moi. Je défendrai calmement et logiquement ma conduite et mes opinions lorsqu'elles seront contestées dans le cadre des affaires ou sur le lieu de travail. Je m'affirme chaque jour davantage dans ma profession".

"Mes idées m'aident à améliorer mes performances au travail. De plus, ces idées me viennent rapidement et facilement. J'ai une confiance totale dans l'ensemble de ma formation académique et professionnelle.

Maintenant, je vais commencer à m'accorder du crédit pour un travail bien fait. Maintenant que j'ai atteint un plus grand succès, je veux et je mérite plus de succès. Je suis efficace dans toutes les activités liées aux affaires".

"C'est ma nouvelle réalité, et je suis tout à fait confiant dans ma capacité à me faire un nom dans le secteur".

Le réveil

"Je sortirai de l'hypnose quand j'entendrai le compte de cinq. Je serai pleinement éveillé et alerte lorsque j'atteindrai le chiffre cinq.

"UN... Je commence à sortir de l'hypnose. DEUX... Je commence à faire attention à ce qui m'entoure. TROIS... J'espère que les résultats de cette session seront fructueux. QUATRE... Je me sens revigoré et revitalisé. Je suis maintenant pleinement éveillé, attentif, je me sens mieux et j'ai beaucoup d'énergie après avoir compté jusqu'à cinq.

Comment réussir inévitablement

Ce texte vise à vous aider à surmonter votre peur de l'échec et à vous motiver à jouer un rôle actif dans la réalisation de vos objectifs. Pour que vous puissiez utiliser ce script et obtenir les meilleurs résultats, vous devez déjà avoir un objectif en tête. Pourquoi résistez-vous? Avec ce script d'auto-hypnose immédiat, le succès sera inévitablement au rendez-vous.

"Je vais commencer à faire tout ce que tu suggères. "J'ai le cœur d'un lion. Je veux atteindre tous mes objectifs, qu'ils soient personnels ou professionnels. J'ai les ailes d'un aigle. Je suis sage comme un ange. Je suis un taureau résolu. J'ai la capacité et la détermination d'accomplir tout ce que je décide de faire, et je n'abandonnerai pas, peu importe qui ou quoi se trouve sur mon chemin. Je suis bâti pour réussir parce que je suis poussé à réussir. Et je suis conscient que le succès est possible. Je suis capable. L'échec n'est pas un concept réel. Il n'y a que des résultats. Mais je dois le chercher. Les portes ne s'ouvriront pas pour moi si je n'y frappe pas. J'agis donc et, si le résultat n'est pas celui que j'attendais, je l'évalue, j'en tire des leçons et je réessaie avec beaucoup plus d'informations.

"Je réessayerai si ma deuxième tentative donne un résultat inattendu. Je vais continuer à essayer encore et encore avec beaucoup plus de confiance car j'ai beaucoup appris de tous les résultats précédents.

"Je suis un archer et je suis sur le point de devenir un tireur d'élite pour atteindre systématiquement toutes mes cibles. Je suis conscient de mes cibles et j'apprends chaque jour de nouvelles choses pour que mes flèches soient précises.

Hypnose Brutale Pour Les Débutants

En fait, il n'y a aucun problème et c'est même une chance que cela se soit passé ainsi si je tire ma flèche et que je rate la cible. Parce que je continuerai à essayer et à apprendre davantage,

"Je comprends parfaitement ce que je veux. Je vais poursuivre. J'ose utiliser mon corps, mon intellect et mes émotions pour travailler pour les choses de la vie que j'aime sincèrement. Et maintenant, je lance un appel à toutes les institutions, forces et alliés pour voir comment ils peuvent m'aider à atteindre mes buts et mes objectifs.

"La vie et l'univers sont de mon côté. J'ai du soutien d'en haut, d'en bas, à ma gauche et à ma droite, devant moi et derrière moi, en moi et en dehors de moi.

"Je ne parle pas de mon objectif. Même avec mes amis les plus proches et ma famille, je ne parle pas de mon objectif avec eux, sauf si c'est vraiment important, car ils peuvent me soutenir pour l'atteindre.

"Je le fais pour canaliser ma ferveur intérieure et mon attention inconditionnelle afin de découvrir ma propre notion du succès. Je n'ai pas besoin des opinions et des conseils de tout le monde. Seulement ceux qui ont déjà atteint mon objectif et qui me soutiendront dans celui-ci.

Rien ne se passe sauf si je le démarre. Je réussirai si je m'y emploie avec toute la motivation et la passion dont je suis capable.

"Chaque jour, je me rapproche un peu plus de mon objectif ultime. Après cette séance, je vais réfléchir à la prochaine action que je peux entreprendre aujourd'hui pour me rapprocher de mon objectif.

"Qu'est-ce que je veux le plus? Ce que je veux vraiment, c'est
_____ "

"Quand est-ce que je veux atteindre cet objectif? J'atteindrai mon objectif d'ici _____ le _____ de l'année _____" "

"Quelle est la prochaine étape que je peux franchir aujourd'hui pour me rapprocher un peu plus de mon objectif? Le pas que je vais faire aujourd'hui sera _____".

"Je ne partage tous mes projets qu'avec ceux qui m'aideront à les réaliser. Je préfère garder le silence sur les autres.

"Je vais me donner la possibilité de m'imaginer en train d'atteindre mon objectif, en laissant tous les sentiments de bonheur, de sécurité, de satisfaction et bien plus encore me consumer (Prenez le temps de vous imaginer en train d'atteindre votre objectif).

Le réveil

"Je sortirai de l'hypnose quand j'entendrai le compte de cinq. Je serai pleinement éveillé et alerte lorsque j'atteindrai le chiffre cinq.

"UN... Je commence à sortir de l'hypnose. DEUX... Je commence à faire attention à ce qui m'entoure. TROIS... J'espère que les résultats de cette session seront fructueux. QUATRE... Je me sens revigoré et revitalisé. Je suis maintenant pleinement éveillé, attentif, je me sens mieux et j'ai beaucoup d'énergie après avoir compté jusqu'à cinq.

Éliminer la peur de parler en public

Les suggestions suivantes sont destinées à éliminer la peur de parler en public devant n'importe quel auditoire.

"Lorsque je parle à n'importe quel rassemblement de personnes, je me sens à l'aise et confiant".

"Chaque fois que je me lève pour parler, je prends une profonde respiration. Tout le stress, les inquiétudes et les pensées défavorables que j'éprouve avant de m'adresser à un public disparaissent lorsque j'expire lentement."

Dès que je commence à parler, je me rends compte à quel point je me sens à l'aise. C'est presque comme si je parlais à mon plus cher ami d'enfance.

"Je prends mes interventions très au sérieux. Peu importe qui ou combien de personnes écoutent mon fantastique exposé, je serai capable de parler de mon sujet avec aisance et naturel parce que je suis un expert en la matière."

En fait, j'ai probablement plus de connaissances sur le sujet que n'importe qui d'autre dans cette pièce. Je n'ai donc pas à m'inquiéter. Au contraire, je ressentirai une excitation et une joie intenses à l'idée d'avoir l'occasion de parler devant toutes ces personnes.

"Je vais parler à des gens qui sont comme moi. Je n'ai plus besoin ni envie de ressentir une quelconque gêne lorsque je m'exprime devant un public".

Lorsque je vais parler devant un public, je me sens de plus en plus à l'aise et confiant. Je me concentre sur ce que je dis sans me sentir nerveux ou gêné. Je suis conscient que les gens sont impatients d'entendre toutes mes connaissances et mes informations.

"Lorsque je commence à parler, je comprends que le nombre de personnes qui me regardent et me prêtent attention n'a aucune importance. Je transmets des faits dont je suis très sûr. Je peux également communiquer des faits aux autres de manière amicale et détendue".

"Devant une seule personne, je me sens très bien..... Devant un petit groupe, je me sens bien..... Devant un grand nombre de personnes, je me sens bien. Cela ne me dérange pas, car je me sens bien devant tout le monde".

Peu importe qui se trouve dans le public ou l'importance qu'il peut avoir, je garderai toujours à l'esprit qu'en réalité, ce ne sont que des gens... qui mangent, dorment et vont aux toilettes... comme tout le monde dans cette vie.

"Je serai complètement à l'aise avec moi-même lorsque je parlerai devant une foule. Je suis excité rien qu'à l'idée de parler devant une foule. J'attends avec impatience le jour où je pourrai parler et dire tout ce que j'ai à dire".

"Chaque fois que je me lève pour parler, je prends une profonde respiration. Tout le stress, les inquiétudes et les pensées défavorables que j'éprouve avant de m'adresser à un public disparaissent lorsque j'expire lentement."

Ma nouvelle réalité est la suivante. J'ai un talent remarquable pour parler en public. Tout le monde veut entendre ce que j'ai à dire.

Ma nouvelle réalité est la suivante. Je suis très doué pour parler en public".

Le réveil

"Je sortirai de l'hypnose quand j'entendrai le compte de cinq. Je serai pleinement éveillé et alerte lorsque j'atteindrai le chiffre cinq.

"UN... Je commence à sortir de l'hypnose. DEUX... Je commence à faire attention à ce qui m'entoure. TROIS... J'espère que les résultats de cette session seront fructueux. QUATRE... Je me sens revigorée et revitalisée. Je suis maintenant pleinement éveillé, attentif, je me sens mieux et j'ai beaucoup d'énergie après avoir compté jusqu'à cinq.

La fin du stress dentaire

Les suggestions suivantes sont destinées à éliminer complètement le stress dentaire. Ce grincement de dents qui ne s'arrête ni la nuit, ni le jour - c'est fini!

"Je m'abstiens désormais totalement de grincer des dents, aussi bien la nuit que le jour", a-t-il déclaré.

"Je remarque que chaque fois que je commence à grincer des dents..." dit-il alors que sa mâchoire et ses lèvres se détendent soudainement. Je découvre une autre méthode de soulagement du stress pour arrêter de serrer la mâchoire et de grincer des dents.

"Je laisse chaque partie de mon corps se détendre la nuit quand je dors, y compris ma mâchoire et ma bouche.

"Tout au long de la journée, j'affronte n'importe quel scénario avec calme et succès, sans serrer les dents en aucune circonstance. Le stress n'est plus un facteur dans ma vie et fait partie du passé. J'ai atteint un état de calme profond, qui me fait cesser complètement de grincer des dents.

"Depuis que j'ai arrêté de grincer des dents, je constate que mes dents sont plus fortes et plus saines chaque jour. Depuis que j'ai arrêté de grincer des dents, je me sens mieux et j'évacue le stress plus efficacement. Je dors aussi plus confortablement et plus profondément et je me réveille beaucoup plus reposé.

"Mon dentiste est ravi du nouvel aspect de mes dents et partage ma fierté d'avoir réussi. J'ai maintenant évité tous les problèmes dentaires que j'avais en grinçant des dents.

"Maintenant que j'ai réussi à ne plus grincer des dents, je me sens très confiant. J'ai un meilleur contrôle conscient et subconscient de tous mes comportements.

"Je peux m'imaginer en train de traverser une période difficile de ma vie." Wow! Je suis étonné et satisfait de la façon dont j'ai géré la situation. Je suis conscient que je sollicite beaucoup ma mâchoire et que j'abîme mes dents. Je souris et je relâche toute la tension que je retenais dans ma bouche dès que je comprends ce que je fais. Je remarque que je me sens beaucoup mieux lorsque je desserre la mâchoire, et je suis tout à fait satisfait et ravi de mes progrès.

"Le soir, lorsque je me prépare à me coucher, je visualise que je ferme les yeux et que je sens ma mâchoire et ma bouche relâcher la tension et le stress avec un sourire agréable... alors que je me blottis pour dormir profondément. Ma mâchoire reste détendue tout au long de la journée et de la nuit. Aujourd'hui, je me réveille beaucoup plus reposé et mieux qu'avant.

"Désormais, j'en serai conscient à chaque fois que je grincerai des dents...... Chaque fois que j'appliquerai une pression et une force sur mes dents et ma mâchoire, j'en serai conscient. Lorsque j'en prends conscience, je me détache rapidement.

"J'ai un sentiment de calme. Je développe chaque jour de nouvelles habitudes plus saines pour ma mâchoire, mes dents et moi-même.

"Je sais que je n'ai pas besoin d'utiliser mes dents pour me détendre, comme je le fais maintenant".

Ma nouvelle réalité est la suivante. Je viens de commencer. Si je ne suis pas stressée, je suis une personne plus calme. Je suis une personne dont les grincements de dents peuvent être contrôlés. Je suis capable d'accomplir tout ce que je décide de faire.

Le réveil

"Je sortirai de l'hypnose quand j'entendrai le compte de cinq. Je serai pleinement éveillé et alerte lorsque j'atteindrai le chiffre cinq.

"UN... Je commence à sortir de l'hypnose. DEUX... Je commence à faire attention à ce qui m'entoure. TROIS... J'espère que les résultats de cette session seront fructueux. QUATRE... Je me sens revigoré et revitalisé. Je suis maintenant pleinement éveillé, attentif, je me sens mieux et j'ai beaucoup d'énergie après avoir compté jusqu'à cinq.

Concentration maximale

Les conseils suivants ont pour but d'améliorer votre niveau général de concentration. Vous êtes employé? Vous avez besoin de temps pour étudier? Ou vous aimeriez simplement passer plus de temps avec votre famille mais vous pensez à autre chose? Voici quelques idées pour vous.

Je suis très concentré sur tout ce que je fais. "Je donne maintenant toute mon attention à une seule tâche. Je consacre tout mon temps à cette seule tâche...... Je fais très attention à ce que je fais. Les détails sont incroyablement fascinants, alors je reste concentré sur la tâche à accomplir. Ma tête est complètement claire et, au fil du temps, ma concentration devient de plus en plus forte.

Je retiens beaucoup plus d'informations grâce à ma grande attention, et j'accomplis chaque tâche avec une efficacité étonnante. Je fais très attention à ce que je fais, je me concentre très fort.

Je choisis ce que je vais faire, je le termine et je passe ensuite à la tâche suivante, à laquelle j'accorderai également toute mon attention.

"Je ne laisse pas mes pensées s'éloigner de la tâche à accomplir. Je suis totalement concentré... sans anxiété, stress ou agitation..... Je peux me concentrer facilement, car cela me vient naturellement.

"Je réalise que ce qui occupe ma concentration m'intéresse", écrit l'auteur. "Je suis heureux d'observer comment je m'acquitte de chaque tâche et activité à mesure que ma concentration augmente.

"Je peux porter toute mon attention sur n'importe quel sujet ou activité, facilement, rapidement et quand je le veux. Mon corps et mon esprit coopèrent pour me permettre de me concentrer pleinement.

"En ce moment, je m'imagine pelotonnée avec un livre. C'est un manuel qui est censé m'enseigner des informations très significatives. Je fais très attention à chaque mot du livre. Je trouve les informations cruciales dont j'ai besoin et, comme ma capacité de concentration et d'absorption des informations est très bonne, je les absorbe rapidement.

"Je trouve le livre de plus en plus captivant au fur et à mesure que je le lis. Je trouve les détails du livre fascinants et je ne trouve pas difficile de traiter l'information. En tournant les pages du livre, je remarque que je peux me concentrer pleinement sur ce que je lis et que les distractions autour de moi ne me dérangent plus. Mon corps est dans une excellente posture pour accompagner mon sentiment de concentration parfaite. Je peux lire aussi longtemps que je veux tout en gardant une excellente concentration.

"À partir de maintenant, je ferai plus attention à ce que je fais. J'attribue ma capacité évidente à me concentrer en lisant ce texte à ma capacité à me concentrer sur n'importe quelle tâche.

"Je suis entièrement concentré sur ce que je fais en ce moment, donc quoi que je choisisse de faire, je le ferai de la même manière, avec la même concentration et la même capacité d'attention. J'ai la capacité de maintenir mon attention jusqu'à ce que la tâche soit terminée ou jusqu'à ce que je décide de passer à une autre activité. Je peux me concentrer pleinement.

Ma nouvelle réalité est la suivante. Je suis capable de me concentrer comme un laser sur n'importe quelle activité que je choisis. Je l'ai terminé. "

Le réveil

"Je sortirai de l'hypnose quand j'entendrai le compte de cinq. Je serai pleinement éveillé et alerte lorsque j'atteindrai le chiffre cinq.

"UN... Je commence à sortir de l'hypnose. DEUX... Je commence à faire attention à ce qui m'entoure. TROIS... J'espère que les résultats de cette session seront fructueux. QUATRE... Je me sens revigoré et revitalisé. Je suis maintenant pleinement éveillé, attentif, je me sens mieux et j'ai beaucoup d'énergie après avoir compté jusqu'à cinq.

Revivez vos meilleurs rêves

Voulez-vous commencer à réaliser vos rêves les plus fous? C'est le script dont vous avez besoin. Il est conçu pour favoriser la rétention des rêves le matin.

"Chaque matin, quand je me réveille, je me souviens de mes rêves".

"Je n'ai aucun problème à me souvenir de mes rêveries préférées. Je peux me souvenir des images, des sons et des sensations de mes rêves lorsque je me réveille. Malgré les profondeurs".

"Je me souviens de mes fantasmes sans effort et rapidement. Je me souviens des événements exactement comme ils étaient dans mes rêves, avec des détails exquis".

"J'apprécie la capacité de mon subconscient à générer des rêves pour moi. J'utilise actuellement l'hypnose comme moyen d'améliorer la connexion entre mon esprit conscient et mon subconscient. Grâce à l'hypnose, je peux demander à mon subconscient de m'aider à me souvenir de tous mes rêves à mon réveil."

Les rêves qui ont un sens pour moi sont enregistrés et mémorisés par mon esprit.

"Cela me fait du bien d'être capable de décrire les détails de mes rêves. Si je le souhaite, je peux me souvenir de mes rêves de manière très précise et en noter tous les détails.

Hypnose Brutale Pour Les Débutants

"Je vais apprendre à connaître ma vie en me souvenant de mes rêves, je le promets. Grâce à ces informations, je pourrai vivre mieux et travailler beaucoup plus.

"En ce moment, je me vois me réveiller le matin après une merveilleuse nuit d'un sommeil très profond. Je ne parle pas alors que je suis encore au lit, laissant mes pensées se concentrer sur toutes les parties essentielles du rêve que je viens de faire."

"Je m'imagine me souvenir du rêve avec une telle clarté..... Même quand je suis éveillé, j'ai l'impression de le rejouer. Les détails sont clairs. Même lorsque je suis réveillée et que je me souviens de tout, j'ai l'impression que tout se reproduit. Les événements sont encore frais dans ma mémoire, et les détails sont clairs et nets".

Je trouve un cahier ou mon journal intime et je commence à écrire tout le rêve..... Je peux clairement voir à quel point je me souviens de mon rêve. Je me souviens de chaque détail du rêve, y compris comment il a commencé, ce qui s'est passé et comment il s'est terminé. D'abord ceci, puis cela, et ainsi de suite, jusqu'à ce que je me souvienne et écrive chaque détail du rêve".

"Désormais, lorsque je me réveillerai, le souvenir des rêves de la nuit précédente sera présent dans ma tête. Je peux me souvenir d'absolument tout très facilement, clairement et rapidement".

"Lorsque je me réveille naturellement le lendemain matin, je m'attarde un moment avant de sortir du lit. Pendant ce moment, je me repose un instant et commence à me souvenir de tout le sommeil que j'ai eu la nuit précédente.

"Je peux me souvenir de tous les rêves que j'ai faits avec une clarté et des détails totaux.

Ma nouvelle réalité est la suivante. J'ai la capacité de me souvenir de chaque détail de mes rêves. Je suis une personne qui peut prendre un journal intime et écrire en détail ce que j'ai vécu dans un rêve sans aucun problème".

"Je suis heureux de ma nouvelle réalité, qui est la suivante. Je m'imagine me réveiller et me souvenir de tous les détails de mes rêves. C'est incroyable. J'ai un excellent souvenir de ces rêves. Je suis content de l'avoir fait... Je l'ai fait.

Le réveil

"Je sortirai de l'hypnose quand j'entendrai le compte de cinq. Je serai pleinement éveillé et alerte lorsque j'atteindrai le chiffre cinq.

"UN... Je commence à sortir de l'hypnose. DEUX... Je commence à faire attention à ce qui m'entoure. TROIS... J'espère que les résultats de cette session seront fructueux. QUATRE... Je me sens revigoré et revitalisé. Je suis maintenant pleinement éveillé, attentif, je me sens mieux et j'ai beaucoup d'énergie après avoir compté jusqu'à cinq.

Comment éliminer instantanément les mauvaises habitudes

Avez-vous une ou plusieurs habitudes que vous détestez? Avez-vous tout essayé pour vous débarrasser de ces mauvaises habitudes et vous continuez à les garder? Ne vous inquiétez pas, ce script est pour vous. Les suggestions sont conçues pour briser une habitude comportementale indésirable et la remplacer par des sentiments de relaxation et de bien-être.

Instructions pour ce texte: Vous devez choisir une habitude à travailler par session. Chaque fois que vous voyez un espace vide dans le script, vous devez dire le nom de l'habitude.

"J'arrête maintenant le comportement de _____ "

"Je contrôle désormais mon désir de _____. Je laisse maintenant tomber mon besoin ou mon désir de _____... et je choisis plutôt la liberté. "

"Je me pardonne mon comportement et me donne la permission et l'encouragement d'arrêter _____".

"Mon comportement _____ est juste un modèle de comportement. L'habitude est basée sur les pensées... et les pensées peuvent être changées... les pensées peuvent être changées".

"Ce comportement _____ est un schéma que mon esprit a répété. Grâce à la puissance de mon subconscient, par le biais de cette hypnose instantanée, j'interromps et je change ce schéma immédiatement. "

Hypnose Brutale Pour Les Débutants

"Maintenant, je commence à perdre le désir de _____ à un niveau subconscient. Je remplace le désir de m'accrocher à ce comportement par l'habitude de me sentir détendu, heureux et libéré de l'habitude de _____ dès maintenant. "

"En ce moment, je laisse tomber la culpabilité et/ou la honte de mon comportement _____ car la culpabilité et la honte sont une perte de temps".

"Je constate aujourd'hui que, jour après jour, je parviens à mieux me contrôler et à mieux maîtriser mon comportement. Je ne ferai plus de _____ une habitude. Je deviendrai hyperactif chaque fois que je commencerai _____. Lorsque je deviens hyperactif, je prends une profonde respiration et je commence à me détendre complètement... je me rends alors compte que j'ai une liberté absolue et que je peux simplement choisir autre chose que de faire _____. "

"Chaque fois que je déciderai de ne pas faire _____, j'aurai un sentiment de contrôle et de confiance. Je préfère cette sensation de maîtrise de soi et de détente, plutôt que de faire _____".

"Je ne m'intéresse absolument pas à _____. Au fur et à mesure que je deviens de moins en moins important, je trouve que _____ est de plus en plus loin dans le passé, loin dans le passé".

"Il est désormais beaucoup plus facile de se défaire de l'habitude de _____. Je me rends compte maintenant que j'ai plus de contrôle sur mon esprit et mon corps que je ne l'aurais jamais cru".

"Je suis heureux parce que j'ai demandé à mon subconscient de m'aider à arrêter _____, donc le succès vient rapidement et facilement".

"Une habitude est basée sur une pensée. Toutes les pensées peuvent être changées. Aujourd'hui, je choisis de changer ma façon de penser et de laisser tomber l'attachement émotionnel à faire _____".

"Je suis une personne très forte et séduisante, capable de se débarrasser de toutes les mauvaises habitudes que je veux. Je peux faire face à tous les problèmes de la vie sans avoir besoin de _____".

"Pour dire la vérité, faire _____ ne m'a jamais aidé du tout".

"Je libère désormais mon esprit et laisse partir tout ce qui, dans ma vie, a trait à _____ et choisis de me sentir en sécurité, confiante et heureuse d'être qui je suis".

"C'est ma nouvelle réalité. Je suis une personne sans l'habitude de _____ "

"C'est ma nouvelle réalité et je suis heureux d'avoir abandonné l'habitude de _____."

"C'est ma nouvelle réalité, et je réalise que je suis capable de me débarrasser de l'habitude de _____ et de me sentir en sécurité, heureuse et confiante en qui je suis."

Le réveil

"Je sortirai de l'hypnose quand j'entendrai le compte de cinq. Je serai pleinement éveillé et alerte lorsque j'atteindrai le chiffre cinq.

"UN... Je commence à sortir de l'hypnose. DEUX... Je commence à faire attention à ce qui m'entoure. TROIS... J'espère que les résultats de cette session seront fructueux. QUATRE... Je me sens revigoré et revitalisé. Je suis maintenant pleinement éveillé, attentif, je me sens mieux et j'ai beaucoup d'énergie après avoir compté jusqu'à cinq.

Prendre des décisions infaillibles

Vous manquez de confiance dans votre capacité à prendre des décisions? Vous avez du mal à prendre des décisions dans votre vie personnelle et professionnelle? Vous voulez commencer à prendre des décisions et être pris en compte? Vous avez trouvé le bon script. Les conseils suivants ont pour but de vous aider à prendre de meilleures décisions pour toute activité. Ainsi que d'être totalement sûr de chacune de ces décisions.

"Maintenant, je suis plus efficace et je prends de meilleures décisions".

"À ce stade, je suis plus apte à prendre des décisions et à les appliquer. Je ne prends jamais le temps de remettre en question ou d'embrasser ma capacité à prendre de sages décisions.

"J'ai la confiance nécessaire pour agir de manière décisive dans toute entreprise ou activité que j'entreprends. Je serai plus productif si j'organise et priorise mes tâches de la journée.

"Je détermine rapidement ce qui doit être fait et dans quel ordre".

"Je ne remets plus en question mes décisions. J'ai pleinement confiance en moi. Je déciderai de chaque action à entreprendre et je l'exécuterai jusqu'à ce que je les aie toutes terminées.

"Je me sens à l'aise avec mes décisions..... Je le remercie et j'exécute mes décisions avec facilité.

"Lorsque des distractions surviennent, je les traite immédiatement... et je retourne ensuite à ce que je faisais. Je me donne la permission de choisir la meilleure option après avoir pesé le pour et le contre de chaque choix.

"Je suis à peu près sûr que ma décision est la bonne, et c'est la meilleure que je puisse prendre à ce moment-là dans ces circonstances".

Je gère avec élégance un nombre considérable de tâches, les ordonnant et les hiérarchisant avec une expertise et une confiance parfaites. Je décide de ce que je dois faire et dans quel ordre, puis je commence et termine chacune de mes tâches tout au long de la journée.

"Je maintiens mon attention sur une tâche jusqu'à ce que je l'aie terminée avec succès. Je prends la décision d'arrêter de douter de ma capacité à prendre de bonnes décisions. Pour me concentrer sur ce que je veux faire - pour me concentrer sur mes priorités - je laisse désormais passer les distractions et les chasse de mes pensées.

"En ce moment, je m'imagine à un bureau avec un grand nombre de documents et de tâches devant moi. J'organise les documents avec soin et efficacité et je fixe des priorités pour ce qui doit être fait. Je prends la décision de travailler d'abord sur la tâche la plus importante et de laisser les autres pour plus tard.

"Je réponds gentiment au téléphone et j'informe mon interlocuteur que je suis occupé et que je le rappellerai dès que j'aurai terminé ma tâche. En raccrochant le téléphone, mes pensées reviennent rapidement à la tâche à accomplir et je m'imagine travailler avec une énorme concentration et une incroyable détermination.

"Après avoir relevé le premier défi, je me sens assez fier de moi..... Je m'accorde même une petite pause. Je décroche à nouveau le téléphone, mais je ne parle que pendant un moment. Mon esprit est renouvelé après la pause, et je commence à travailler avec détermination sur la tâche suivante.

"J'ai maintenant confiance en ma capacité à prendre des décisions...... Je suis en train de devenir une personne décisive. Je choisis parmi mes possibilités et j'exécute mes plans".

"Je suis de plus en plus compétent dans toutes les tâches que j'entreprends. Chaque jour, je deviens plus efficace dans l'organisation et la hiérarchisation des petites et grandes tâches".

Ma nouvelle réalité est la suivante. Je suis une personne totalement nouvelle. Je suis efficace et confiant pour prendre chaque décision dans ma vie personnelle et professionnelle".

Ma nouvelle réalité est la suivante. Je suis une personne heureuse de ce que je suis et je progresse chaque jour dans mes décisions".

Le réveil

"Je sortirai de l'hypnose quand j'entendrai le compte de cinq. Je serai pleinement éveillé et alerte lorsque j'atteindrai le chiffre cinq.

"UN... Je commence à sortir de l'hypnose. DEUX... Je commence à faire attention à ce qui m'entoure. TROIS... J'espère que les résultats de cette session seront fructueux. QUATRE... Je me sens revigoré et revitalisé. Je suis maintenant pleinement éveillé, attentif, je me sens mieux et j'ai beaucoup d'énergie après avoir compté jusqu'à cinq.

Prendre l'avion avec plaisir

Faites-vous partie du groupe de personnes qui n'aiment pas prendre l'avion? Pensez-vous que quelque chose de mal peut arriver? À cause de votre phobie de l'avion, avez-vous cessé de vous rendre à des événements avec vos proches? Alors vous devriez lire ce script. Les conseils que vous trouverez ci-dessous sont conçus pour rendre le vol moins stressant et moins pénible.

"Lorsque je prends l'avion, je me sens à l'aise et en paix".

Réserver un vol est fantastique. Je me sens calme et en paix avec moi-même en regardant les destinations, et j'ai hâte de prendre l'avion.

"Je regarde comme je monte dans l'avion, je m'installe dans mon siège et je commence à respirer profondément et naturellement. Je prends la décision de me sentir en sécurité et entièrement protégé lorsque les portes de l'avion se referment.

Je n'oublierai jamais que, statistiquement parlant, voler est plus sûr que conduire une voiture, et que je suis plus en sécurité dans un avion que dans ma propre voiture.

C'est toujours plus rapide et plus facile que les autres moyens de transport, et je peux prendre un avion qui m'emmènera là où je dois aller. Lorsque je décide de prendre l'avion, je mets de côté les soucis liés à l'organisation du voyage et je tiens compte du fait que, ce faisant, je réduis mon temps de déplacement. Cela me donne plus de temps pour profiter de mon avenir.

"Maintenant que je suis conscient que je peux toujours avoir le contrôle de mes pensées, je me sens en confiance..... Mes émotions sont sous mon contrôle. Sans hésiter, je peux réserver un vol.

"Chaque fois que je prends l'avion, je prends la décision consciente de me déconnecter et de me sentir en sécurité dans ma propre peau".

"Je me vois faire une réservation par téléphone auprès de la compagnie aérienne. Je parle clairement et avec beaucoup d'assurance. La réservation me fait me sentir fantastique. Sachant que la décision la plus sûre, la plus intelligente et la plus judicieuse que l'on puisse prendre pour voyager sur de longues distances est de prendre l'avion.

"Le temps passe, et finalement le jour du vol arrive. Dès que j'ai mon billet, l'annonceur annonce que l'embarquement pour mon avion a commencé.

"Alors que je me dirige vers l'avion, une hôtesse de l'air s'approche de moi et me sourit gentiment. Je me retourne rapidement et constate que l'accompagnateur est un professionnel qui a pris l'avion des milliers de fois en toute sécurité. Je détends mon corps et prends une profonde inspiration en me dirigeant vers mon siège et en sentant le coussin confortable sous moi. Alors que les portes de l'avion se ferment, je réalise que je dois rester calme pour ma sécurité. Puis, tout à coup, j'entends la voix du capitaine dans le haut-parleur, je le vois en uniforme et je réalise qu'il est l'un des meilleurs pilotes sur cette ligne grâce à sa formation professionnelle.

Alors que l'avion décolle, je remarque que je me sens complètement en sécurité et profondément calme. Je me rends compte que tout ira bien.

"À partir de maintenant, chaque fois que je devrai prendre l'avion, je me sentirai plus calme. Je commande toujours une boisson quand je prends l'avion, et à chaque gorgée, mon anxiété diminue... et... et.... y... Je laisse les peurs disparaître et je me donne la permission de profiter pleinement du paysage et du vol.

Ma nouvelle réalité est la suivante. J'ai confiance en moi. Quelqu'un qui n'a pas la phobie de l'avion. J'aime voler. J'aime explorer de nouveaux endroits lorsque je voyage. J'aime les paysages que je vois à chaque vol. Ma nouvelle réalité me remplit de joie. Je l'ai fait et maintenant je peux voler sans crainte.

Le réveil

"Je sortirai de l'hypnose quand j'entendrai le compte de cinq. Je serai pleinement éveillé et alerte lorsque j'atteindrai le chiffre cinq.

"UN... Je commence à sortir de l'hypnose. DEUX... Je commence à faire attention à ce qui m'entoure. TROIS... J'espère que les résultats de cette session seront fructueux. QUATRE... Je me sens revigoré et revitalisé. Je suis maintenant pleinement éveillé, attentif, je me sens mieux et j'ai beaucoup d'énergie après avoir compté jusqu'à cinq.

Arrêter de se ronger les ongles? C'est facile si vous faites comme ça.

Peu importe depuis combien de temps vous avez l'habitude de vous ronger les ongles - des semaines, des mois, voire des années - ce script est conçu pour vous débarrasser de cette habitude. Ce script est conçu pour rompre l'habitude de se ronger les ongles au bout des doigts - pourquoi attendre plus longtemps pour rompre cette habitude?

"Je ne me ronge plus les ongles".

J'ai maintenant cessé de vouloir me ronger les ongles. Je contrôle mon comportement et je m'abstiens de me ronger les ongles. J'ai arrêté de me ronger les ongles, ce qui me permet de me détendre davantage chaque jour et à chaque instant.

J'arrête tout simplement de me ronger les ongles, car je contrôle mieux mon corps et mes comportements, et je choisis plutôt de me sentir calme et détendue.

"Depuis que j'ai arrêté de me ronger les ongles, ils poussent plus fort et plus sainement. Lorsque je prends la résolution de ne pas me ronger les ongles, je me sens mieux dans ma capacité à réguler chaque action.

"J'imagine qu'en prenant conscience de mon comportement, j'arrêterai de me ronger les ongles..... Je cesse rapidement de me ronger les ongles dès que j'en prends conscience. Je décide d'être calme et posé.

"Depuis que j'ai arrêté de me ronger les ongles, ils poussent plus fort et plus sainement. Lorsque je prends la résolution de ne pas me ronger les ongles, je me sens mieux dans ma capacité à réguler chaque action.

"En prenant conscience de mes activités, j'anticipe pour arrêter de me ronger les ongles. Je prends en charge ce qui se passe ensuite lorsque je sens mes mains s'approcher de mon corps. Je me retrouve à laisser tomber mes mains sur le côté au lieu de me ronger les ongles. J'éprouve ainsi un fantastique sentiment de liberté et de contrôle. et me ronger les ongles est bien pire pour moi que ce que je ressens.

"Maintenant, chaque fois que mes mains s'approchent de ma bouche, je suis très conscient. Chaque fois que je me surprends à le faire, j'ai l'impression que le temps s'est arrêté pendant une seconde, et je peux alors facilement décider de ne pas me ronger les ongles. Lorsque je me sens stressée, je prends deux respirations profondes et je les relâche lentement. En conséquence, mon anxiété diminue et je n'ai plus envie de me ronger les ongles. Au lieu de cela, je ressens la paix et le contrôle de mon comportement.

Chaque habitude est modifiable. Chaque action peut être arrêtée. En termes simples, les habitudes sont des programmes mentaux exécutés par le cerveau. J'utilise l'hypnose immédiate et le pouvoir de mon esprit conscient pour dire à mon cerveau d'arrêter son programme d'arrachage des ongles. En réponse, je lui ordonne de passer à un nouveau programme dans lequel j'ai une autorité totale sur moi-même.

Je prends maintenant une profonde respiration et j'expire doucement dans les cas où j'avais l'habitude de courir et de me ronger les ongles. Cela lancera la nouvelle application, permettant à l'utilisateur d'expérimenter un contrôle et une paix profonds.

"C'est ma nouvelle réalité, et j'en suis très reconnaissant et ravi. Je suis impressionné par la personne que je suis devenu. Une personne qui, chaque fois que l'envie de se ronger les ongles la frappe, respire et garde un contrôle total sur elle-même. Le mieux, c'est qu'avec le temps, je n'ai plus envie de me ronger les ongles. Au lieu de cela, je me concentre sur la nouvelle personne que je suis devenue et j'oublie mon ancienne habitude de me ronger les ongles. Ma nouvelle réalité est la suivante. J'ai fini.

Le réveil

"Je sortirai de l'hypnose quand j'entendrai le compte de cinq. Je serai pleinement éveillé et alerte lorsque j'atteindrai le chiffre cinq.

"UN... Je commence à sortir de l'hypnose. DEUX... Je commence à faire attention à ce qui m'entoure. TROIS... J'espère que les résultats de cette session seront fructueux. QUATRE... Je me sens revigoré et revitalisé. Je suis maintenant pleinement éveillé, attentif, je me sens mieux et j'ai beaucoup d'énergie après avoir compté jusqu'à cinq.

Chapitre 10 - L'hypnose de la dépression

Médias

L'hypnose dépressive est évidente dès que l'on allume le journal télévisé ou que l'on achète un quotidien.

Il se régale des nouvelles de la "récession", des pertes d'emploi, des assassinats, des indiscrétions des hommes politiques ou des autres dirigeants du monde.

Les soi-disant "bonnes" nouvelles risquent d'être cachées dans les dernières pages, en petits caractères ou pas du tout mentionnées.

La plupart des gens sont aussi heureux qu'ils choisissent de l'être - Abraham Lincoln

Répétition constante

C'est le genre d'hypnose quotidienne à laquelle nous sommes tous soumis.

La répétition constante d'un message, surtout s'il vous est transmis sous une forme officielle ou semi-officielle, vous impressionne.

Écoutez le bavardage général au travail ou dans le train ; vous vous concentrerez sur les nouvelles du jour présentées par les journalistes et les présentateurs de journaux télévisés.

La dépression et les attaques de panique ne sont pas surprenantes.

Je crains que les journalistes, les radiodiffuseurs et les hommes politiques n'aient l'habitude de diaboliser certaines parties de la société lorsque cela les arrange. C'est très facile.

Si vous continuez à transmettre un mauvais message et à y associer une personne ou une section de la société, cela a pour effet d'hypnotiser les masses.

Regardez comme il a été facile de diaboliser les banquiers. Les banques ont peut-être beaucoup à se reprocher, mais au Royaume-Uni, le gouvernement de l'époque, soutenu par la presse et les radiodiffuseurs, a fait renoncer le directeur d'une banque à une importante prime à laquelle il avait contractuellement droit en envoyant constamment un message de mauvais service.

Dans un autre cas, un banquier a perdu son titre de chevalier. Il n'avait commis aucun crime et n'avait pas été coupable d'une quelconque conduite déshonorante. Il avait simplement eu la malchance d'être directeur de banque au moment de la crise bancaire. C'était sans précédent.

Le message quotidien et l'hypnose de la dépression.

Faut-il s'étonner alors que les gens dépriment lorsqu'ils lisent ou entendent de telles choses alors qu'elles nous sont constamment imposées?

Sans compter les pressions familiales et personnelles que vous pouvez ressentir à tout moment. Comment échapper à tout cela?

Contrôle de la dépression par l'hypnose

Hypnose Brutale Pour Les Débutants

Tout d'abord, limitez votre exposition aux influences extérieures. Bien sûr, vous devez être au courant de ce qui se passe dans le monde.

Je vous suggère de laisser tomber votre journal quotidien et de vous concentrer sur la lecture des gros titres en ligne.

En parcourant l'actualité de cette manière, vous pouvez choisir de vous plonger dans une histoire qui vous intéresse particulièrement, tout en évitant les commentaires des journalistes qui ont leurs propres opinions.

Alors arrêtez d'écouter tous les bulletins d'information à la télévision.

Vous pouvez également décider d'arrêter de regarder un programme que vous trouvez un peu déprimant. Il n'est pas nécessaire de surcharger votre conscience avec du matériel qui vous fera vous sentir mal.

Pensées et dépression.

Si vous vous réveillez demain matin en vous sentant déprimé, c'est une pensée qui a déclenché ce sentiment.

Tout est précédé d'une pensée qui nous amène ensuite à nous faire une image dans notre esprit.

Il se peut que vous ayez rêvé de quelque chose de désagréable ou de quelque chose qui vous tracasse et vous trotte dans la tête.

Un bon truc pour l'hypnose de la dépression.

Une bonne astuce dans une telle situation qui vous donnera une certaine protection est de vous armer d'une ancre PNL.

La musique peut être un puissant ancrage positif pour contrer les effets de la dépression.

Tu te souviens d'Anna dans Le Roi et moi. Quand elle avait peur, elle sifflait un air joyeux. Il a le même effet sur la dépression.

Je ne suggère pas que vous siffliez nécessairement un air joyeux, mais vous pouvez y penser, le fredonner ou même vous le chanter.

Hypnose musicale et dépression

Un excellent moyen de se remonter le moral est d'enregistrer une sélection de musique sur votre ipod. Associez chaque morceau de musique que vous enregistrez à un événement ou un moment heureux de votre vie.

 En écoutant les chansons ou la musique, les souvenirs reviendront et noieront les effets du mauvais hypnotisme qui a provoqué votre dépression.

Hypnose des mauvaises images et de la dépression

Nous venons de mentionner que la dépression est causée par des pensées qui créent de mauvaises images dans notre esprit.

Ce qui se passe, c'est que nous avons tendance à nous attarder sur un mauvais événement qui s'est produit ou sur quelque chose que nous craignons de voir se produire.

Hypnose Brutale Pour Les Débutants

Notez qu'aucune de ces choses ne se produit maintenant: l'une d'entre elles s'est produite dans le passé et fait partie de l'histoire ; l'autre est prévue dans le futur et pourrait ne jamais arriver.

Mais les images dans notre esprit n'en sont pas moins réelles. Notre cerveau ne peut pas faire la distinction entre le réel et l'irréel.

Donc, si vous pouvez créer des images dans votre esprit, vous pouvez les effacer. Vous pouvez les manipuler. Vous pouvez vous en débarrasser et les remplacer par de bonnes.

Rappelez-vous l'image de l'image perturbatrice. Remarquez où il se trouve. Notez si elle est en couleur ou en noir et blanc.

S'agit-il d'un film ou d'une photo? Est-il grand ou petit? Est-il proche ou éloigné? Est-il entouré d'un cadre? Êtes-vous dans l'image ou la regardez-vous de l'extérieur?

Est-ce qu'il y a un son qui lui est associé? Est-ce qu'il y a un sentiment qui lui est associé?

Éliminer les images qui déclenchent la dépression sous hypnose

Maintenant, réduisez cette image et poussez-la sur le côté, hors du chemin.

Pensez à quelque chose qui vous fait vous sentir vraiment bien. Il s'agit peut-être de la photo d'un être cher ou d'un événement heureux.

Notez où cela se trouve? Il est probablement dans une position différente de celle de l'image inquiétante.

Est-elle en couleur ou en noir et blanc? S'agit-il d'un film ou d'une photo? Est-elle grande ou petite? Est-elle proche ou lointaine? Est-elle entourée d'un cadre?

Êtes-vous dans l'image ou la regardez-vous de l'extérieur? Y a-t-il un son associé? Y a-t-il un sentiment associé?

Ce seul exercice vous aidera à reconnaître les bonnes et les mauvaises images. Vous pouvez diminuer la mauvaise image qui vous déprime en réduisant sa taille et en enlevant toute la couleur.

Pendant que vous le faites, poussez-le au loin, tournez-le jusqu'à ce qu'il disparaisse à l'horizon dans un nuage de poussière.

Répétez plusieurs fois jusqu'à ce que la sensation devienne de moins en moins forte.

Bonnes photos et hypnose de la dépression

Puis récupérez votre très bonne image. Intensifiez la couleur. Augmentez la luminosité. Doublez sa taille. Puis doublez-la encore, et encore, jusqu'à ce qu'elle soit si grande qu'elle remplisse la pièce. Ressentez les bons sentiments qui y sont associés.

Écoutez les bons sons qui lui sont associés. Immergez-vous complètement dans l'image. Maintenant, voyez comme vous vous sentez mieux.

Ce n'est qu'une des techniques de la PNL qui vous permettra de sortir de la dépression.

Chapitre 11 - 29 Modèles d'hypnose conversationnelle

Dans ce chapitre, je vous montrerai plus de 30 modèles hypnotiques remarquables qui vous permettront d'affecter les autres de manière subtile mais efficace.

Les modèles d'hypnose conversationnelle sont essentiels pour comprendre les complexités les plus simples comme les plus importantes. Ils constituent également une excellente ressource à utiliser dans la pratique ; si vous saisissez ces modèles, vous serez en mesure de les utiliser naturellement, ce qui vous permettra de créer un plan de persuasion beaucoup plus efficace.

Pourquoi apprendre ces rythmes hypnotiques, demandez-vous? En plus des raisons que j'ai mentionnées ci-dessus, ces modèles ont été créés pour permettre une communication beaucoup plus fluide et la capacité de convaincre les autres compte tenu du contexte et de vos objectifs.

Il existe des schémas hypnotiques qui peuvent être utilisés pour convaincre des clients, mais certains peuvent aussi être utilisés pour influencer les gens à mieux s'entendre. Il existe également des modèles qui peuvent aider les autres à adopter une attitude plus joyeuse. Influencer les autres présente plusieurs avantages, non seulement pour les personnes qui utilisent l'hypnose conversationnelle, mais aussi pour celles qui changent le point de vue ou l'opinion de quelqu'un et apportent ainsi une contribution utile.

Comment utilisez-vous la langue pour atteindre vos objectifs?

Vous voulez inspirer les gens par vos idées et vos réalisations? Vous pouvez réaliser tout cela et bien plus encore avec une bonne formation.

Tout au long de ce livre, j'ai souligné les aspects cruciaux de la façon d'influencer les gens, qui comprennent la reconnaissance des réalités des autres et leur transformation discrète en la nôtre. Lorsque nous sommes influents, nous gagnons la confiance des gens, ce qui améliore notre capacité de persuasion.

Pour y parvenir, il est vivement conseillé de flatter les gens et de les traiter avec passion et respect. Nous ne devrions jamais forcer les autres à adhérer à notre point de vue, mais nous pouvons leur faire comprendre notre réalité, ce qui est le but de l'hypnose conversationnelle. Nous pouvons découvrir et éradiquer toute distorsion ou généralisation chez les autres lorsque nous utilisons les ressources appropriées.

Cependant, utiliser vos mots pour obtenir ce que vous voulez n'est pas toujours facile, surtout si vos auditeurs ont un esprit conscient et sont prêts à céder à leurs idées limitatives. Comment allez-vous relever ces défis? Il est essentiel que vous compreniez et maîtrisiez les rythmes hypnotiques optimaux pour cela.

Ces schémas hypnotiques peuvent être utilisés dans vos phrases pour obtenir un meilleur résultat hypnotique, car ils sont conçus pour communiquer directement avec l'inconscient, ce qui permet aux gens de vous écouter et de s'identifier plus facilement à votre message. Cela fait tomber les barrières de résistance et les gens adoptent vos idées.

La lecture de pensées est un modèle linguistique hypnotique.

La première chose à comprendre est que la lecture hypnotique des pensées n'implique pas de capacités psychiques, mais consiste à faire des suppositions éclairées sur ce que les gens ressentent ou pensent. Tout cela pour vous aider à orienter la conversation d'une manière qui vous aidera à influencer les autres.

Ceux qui utilisent le modèle hypnotique de lecture des pensées doivent agir comme s'ils savaient exactement ce qui se passe dans la tête des autres. L'auditeur se sentira davantage connecté à votre message et sera moins réticent à comprendre et à adopter vos pensées ou vos offres si vous procédez de cette manière. Lorsque vous utilisez cette ligne directrice, il est essentiel de ne pas être trop particulier ; au contraire, comportez-vous normalement et donnez des idées générales sans être trop précis.

Lorsque vous discutez avec quelqu'un, gardez à l'esprit la situation actuelle et prêtez attention à ses commentaires s'il donne des détails sur ses expériences passées. Dans cette séquence hypnotique, vous donnez une suggestion de ce qui pourrait être dans l'esprit de votre auditeur, en vous efforçant de rendre la comparaison aussi précise que possible. Cependant, la façon dont vous communiquez est également cruciale ; c'est là que vous donnez des recommandations.

"Je comprends que vous soyez parfois curieux...", par exemple. C'est très approprié, car cela indique que vous êtes désireux d'apprendre de nouvelles choses".

En combinant le rythme hypnotique de la lecture des pensées avec l'éloge, vous pouvez faire en sorte que votre public soit intrigué et s'identifie peut-être à ce que vous dites. Dans ce cas, des commentaires tels que "je comprends" et "vous pourriez l'envisager" sont tout à fait pertinents.

Je vais vous donner des phrases plus pertinentes à utiliser avec ce schéma hypnotique:

- Je sais que vous êtes curieux.

- Il y a des chances que vous pensiez que ça va marcher.

- Vous êtes peut-être curieux de savoir comment cela fonctionne.

- Je suis conscient que vous vous intéressez de plus en plus au sujet.

- Je comprends votre point de vue.

- C'est une question que les gens posent souvent.

Il se peut que vous trouviez difficile de pratiquer certains modèles de langage hypnotique au début, mais avec de la pratique, vous serez en mesure d'obtenir de meilleurs résultats.

Je vous recommande d'utiliser certains des modèles que j'ai partagés à titre d'exemple dans vos prochaines conversations, d'analyser les résultats qu'ils fournissent et de les gérer d'une manière qui vous convient.

N'oubliez pas que l'hypnose conversationnelle exige un haut niveau de contrôle émotionnel. Comme il existe un grand nombre de modèles hypnotiques, vous pouvez vous sentir plus à l'aise en n'en utilisant que quelques-uns.

Équivalence complexe - Modèle de discours hypnotique

Il s'agit d'un modèle de langage hypnotique très utile qui vous permettra d'influencer facilement les autres. Elle consiste à établir un lien entre deux croyances, en partant d'une croyance de base que l'auditeur a précédemment acceptée et en la reliant à une seconde croyance qui peut être acceptée comme vraie.

C'est comme construire un pont entre deux pensées ou perceptions, permettant une transition en douceur et évitant toute résistance. Vous le trouverez utile si vous voulez persuader quelqu'un d'autre d'avoir des pensées ou des idées plus positives sur un sujet particulier. Pour ce faire, vous devez utiliser deux phrases puissantes: "Cela signifie" et "Ce qui signifie que".

Non seulement vous serez en mesure d'avoir un plus grand impact sur les autres, mais vous serez également en mesure de retenir l'attention de vos auditeurs du début à la fin si vous appliquez ce rythme hypnotique. En conséquence, vous vous sentirez plus à l'aise et même confiant dans votre performance d'hypnose conversationnelle.

Les personnes se sentiront prêtes et intéressées à effectuer des changements positifs suite à l'utilisation de ce schéma hypnotique, et pourront recevoir des recommandations ou de nouvelles idées. Ils feront l'expérience de l'activation de l'inconscient et permettront à leur moi intérieur de prendre en charge les circonstances. Il aide également les autres à agir ou à trouver des réponses, même si cela se fait de manière inconsciente. Cependant, il arrive un moment où ils le font intentionnellement et reconnaissent qu'ils agissent. Lorsque ce motif est utilisé, il est essentiel de créer une discussion subtile pour l'adoucir et créer une atmosphère plus confortable.

Cause et effet du modèle de discours hypnotique

Ce schéma hypnotique se traduit par une corrélation directe entre un élément et un autre. Des expressions telles que "parce que", "si", "alors" et "comme" peuvent être utilisées pour l'appliquer. Ce sont des mots conditionnels, qui impliquent qu'ils ont un effet sur d'autres parties.

Voici un exemple qui vous permettra de l'intérioriser plus facilement: "Parce que vous êtes attentif, vous en apprendrez davantage sur le sujet et vous vous sentirez plus à l'aise pour le mettre en pratique". Remarquez comment une action cède la place à une autre dans la phrase? Tel est l'objectif.

Ce modèle de langage hypnotique peut être utilisé pour créer un script de vente assertif, mais il peut aussi être utilisé pour influencer les autres en donnant des conseils ou pour une variété d'objectifs professionnels ou de carrière. Pour illustrer la manière dont ce rythme hypnotique pourrait être utilisé, considérez les déclarations suivantes:

- Ces activités de méditation antistress peuvent vous aider à vous détendre.

- En m'écoutant, il vous sera plus facile de comprendre le problème.

- Une respiration lente vous aidera à faire face à des situations peu familières.

- Ces données peuvent vous aider à calculer combien d'argent vous gagnerez si vous utilisez le plan.

- Comme vous êtes très doué, vous comprendrez beaucoup plus rapidement mon concept commercial.

- Vous vous sentirez plus motivé une fois que vous aurez essayé ce produit.

- En vous renseignant sur ce sujet, vous pouvez améliorer votre QI.

N'oubliez pas d'utiliser ces exemples pour vous aider à créer vos propres phrases en vous basant sur les bases du modèle.

Modèle hypnotique de présuppositions

Comme le nom de ce schéma hypnotique le suggère, vous devez ajouter un dialogue qui vous permet de faire un présupposé dans votre discours. Une présupposition, à son tour, tire son sens de la connotation grammaticale d'une phrase ou même d'un seul mot.

Ce schéma hypnotique est essentiel pour éliminer les généralisations qui peuvent entraver votre capacité à influencer les gens. Mais surtout, il est essentiel de susciter chez les autres une proposition qu'ils ne pourront pas écarter une fois qu'ils sauront qu'elle est grammaticalement correcte.

Imaginez que vous parlez à un client potentiel et que vous lui demandez: "Quand avez-vous réalisé que ce produit serait utile à votre entreprise? C'est tout simplement grammaticalement correct, et le consommateur est très susceptible de réagir à cette question, donc cela a un sens logique pour vous.

Même si le consommateur mentionne certains des avantages du produit, s'il y réfléchit bien, il peut ne pas être totalement convaincu de faire l'achat. Cependant, vous laisserez une opportunité de persuasion car vous avez déjà répondu à la question, ce qui les fera se sentir plus intéressés par la marchandise d'une manière spécifique.

Un autre exemple dans la vente serait de demander: "M. Romero, voulez-vous en savoir plus sur notre produit A ou notre produit B? Vous n'offrez pas à l'acheteur l'option de ne pas recevoir plus d'informations sur un produit et, linguistiquement, c'est ce qu'il ressentira. Cela vous aidera à persuader l'auditeur de choisir l'un des deux éléments, ce qui constitue une occasion de persuasion qui, si elle est bien gérée, peut aboutir à une vente réussie.

Modèle hypnotique de suppression comparative

Ce schéma hypnotique est excellent lorsque vous souhaitez exprimer aux gens qu'ils recevront quelque chose en échange de l'accomplissement de certaines activités, qui peuvent inclure ou non un échange ou simplement l'achat d'un service ou d'un produit (dans le cas où il s'applique aux ventes).

Ce schéma linguistique hypnotique est destiné à susciter des réactions émotionnelles générales. Elle peut montrer à l'auditeur que faire quelque chose le rendra plus heureux ou que faire quelque chose lui sera directement bénéfique. Cependant, ce produit de bien-être aide à réveiller l'inconscient et favorise la relaxation.

L'aspect "comparatif" de ce schéma hypnotique est l'utilisation de termes tels que "meilleur", car lorsque nous utilisons cette expression, nous indiquons automatiquement qu'elle a été comparée à une autre chose et qu'elle s'est avérée être l'alternative supérieure.

Par conséquent, des termes tels que "meilleur, pire, amélioré, inférieur, inférieur, supérieur, qualité, plus avancé, inférieur ou prix" doivent être inclus dans votre script de langage hypnotique lorsque vous utilisez ce modèle. Lorsque nous comparons deux choses et indiquons laquelle est la meilleure, nous minimisons l'objet de la comparaison. Je vais vous montrer quelques phrases fortes liées à ce thème.

- Les améliorations positives s'apprennent plus facilement.

- Vous serez en mesure d'améliorer vos méthodes de vente pour atteindre davantage de consommateurs.

- Vous serez en mesure de faire plus avec cette stratégie.

- Cette technique étant plus complexe, elle vous permettra d'apprendre beaucoup plus rapidement.

- Notre nouveau produit est de meilleure qualité et a un coût inférieur.

- Je peux vous offrir notre service amélioré.

Quantificateur universel: motif hypnotique

Hypnose Brutale Pour Les Débutants

Ce modèle de langage hypnotique est simple à appliquer et peut être utilisé dans de nombreuses situations. Il conviendra aussi bien pour la persuasion commerciale que pour faire une recommandation plus personnelle à une autre personne. Elle implique l'utilisation d'expressions particulières qui impliquent l'universalité ou rendent la portée de ces termes illimitée.

Lorsque ce schéma hypnotique est maintenu de manière efficace, il peut avoir un impact sur les émotions des autres, ce qui permet de leur proposer plus facilement une idée ou de les persuader d'entreprendre une action particulière.

Vous pouvez utiliser les phrases clés suivantes pour mettre en œuvre ce schéma d'hypnose: "Tout le monde", "Toujours", "Aucun", "Partout", "Jamais", "Nulle part" et "Partout".

Supposons que vous parliez à un ami proche qui est déprimé parce qu'il n'a pas été motivé au travail récemment. Disons que votre ami est persuadé que sa situation est désespérée, mais que vous avez décidé d'utiliser l'hypnose conversationnelle pour l'aider à aller mieux. "Nous nous sommes tous sentis comme vous à un moment ou à un autre", dites-vous, "mais cela ne veut pas dire que c'est réel".

Vous gagnerez leur attention en soulignant que tout le monde s'est senti de cette façon, car ils croiront que leur problème est universel. Vous lui donnerez également l'impression qu'il n'est pas seul, abordant ainsi une composante émotionnelle importante. Il existe des mots plus puissants qui peuvent vous faire sentir mieux et influencer quelqu'un. Par exemple: - Il existe partout de nombreuses possibilités étonnantes pour des personnes décentes comme vous ; - Votre voix intérieure saura toujours comment vous aider ; - Vous n'aurez plus jamais à vous inquiéter.

Indice de référence manquant dans le schéma hypnotique

Ce schéma hypnotique consiste à faire découvrir à l'auditeur une composante générique qui donne une réalité au texte en supprimant un jugement de valeur. Cela peut se faire en évoquant d'autres expériences, par exemple en mentionnant que quelqu'un a essayé quelque chose ou qu'il a entendu dire que quelqu'un d'autre avait essayé quelque chose. Cela permet à l'auditeur de reconnaître qu'il s'agit de quelque chose de positif basé sur l'expérience d'une autre personne.

Avez-vous déjà vu une publicité affirmant qu'un certain nombre de personnes ont testé un produit? Utiliser des phrases telles que "La qualité de ce dentifrice a été approuvée par plus de 100 dentistes". Nous ne nous soucions pas de savoir si des recherches ont été menées auprès de tel ou tel nombre d'individus, mais nous considérons instinctivement que le produit est bon parce qu'il intègre l'opinion d'autres personnes. Vous vous rendez compte à quel point cela est significatif?

Ce rythme hypnotique est utile pour capter l'attention des gens et peut-être les encourager à réfléchir à quelque chose. "Ce produit a eu un impact sur la vie d'innombrables enfants à New York", notez-vous. Qu'en pensent-ils?

Peut-être qu'en raison de l'expression, vous souhaitez en savoir plus sur le produit ou sur la façon dont il a touché les élèves. Vous pouvez utiliser des phrases générales à la place des chiffres si vous ne voulez pas utiliser un chiffre précis, et c'est beaucoup plus acceptable si les chiffres ne sont pas étayés par des données.

Vous pouvez utiliser des expressions telles que "beaucoup de gens". De cette façon, vous pouvez produire une impression appropriée sans spécifier le nombre de personnes présentes.

Donnez-leur exactement ce que vous voulez dans une séquence hypnotique.

Cette méthode utile est parfaite pour convaincre les autres d'une manière subtile mais efficace. Elle consiste à construire une phrase avec deux prémisses.

La prémisse initiale sert de présupposé, permettant aux autres de l'accepter comme une réalité sans avoir à analyser son contexte.

Si la seconde prémisse sert à détourner l'attention, ces deux aspects s'associent pour créer un argument puissant qui retient l'attention de l'auditeur. Je vais vous donner un exemple pour vous aider à mieux comprendre ce schéma hypnotique.

"Connaissez-vous une autre stratégie qui vous donne d'aussi bons résultats en si peu de temps?" Je vous demande de considérer la phrase suivante. Comme il s'agit du premier élément qui compose la question, vous allez très probablement essayer de vous souvenir si vous connaissez une autre approche.

Parce qu'il concentrera davantage votre attention sur le premier élément de la question, vous ne serez pas distrait du fait que la technique que vous utilisez actuellement produit de bons résultats en peu de temps. Par conséquent, il remplit l'objectif de détourner l'attention.

Utilisez des expressions telles que "automatiquement", "définitivement" et "indestructible" pour rendre cette technique d'hypnose conversationnelle plus facile à appliquer. L'hypothèse prendra une connotation plus authentique grâce à ces phrases, sans qu'il soit nécessaire de la remettre en question. Il est essentiel que vous pratiquiez cette ligne directrice pour améliorer votre maîtrise, ce qui vous aidera à obtenir un meilleur résultat.

Comment motiver les gens à faire n'importe quoi en utilisant l'hypnose

Tout au long de ce livre, j'ai décrit ce qui est impliqué dans notre esprit conscient, qui inclut notre sens de la logique et nous fait remettre en question les informations que nous obtenons. J'ai également abordé les qualités de notre esprit inconscient et leur importance dans l'hypnose conversationnelle. Vous devez savoir que nos valeurs sont stockées dans l'inconscient et qu'elles ont une énorme influence sur nos comportements et nos idées. Quelle est l'importance de cela? Parce que ce modèle implique de déterminer les valeurs d'autres personnes et de les utiliser pour les influencer.

Vous vous demandez peut-être comment vous allez savoir quelles sont les valeurs de l'autre personne. Vous pouvez le découvrir en posant une série de questions qui vous permettront d'obtenir les informations souhaitées sans que votre interlocuteur se méfie de l'hypnose conversationnelle.

Vous pouvez poser tout ou partie de ces questions au cours de la conversation: - Qu'est-ce qui est le plus important pour vous?

- Qu'est-ce qui vous offrirait la tranquillité d'esprit à l'avenir et pourquoi est-ce important?

Ces questions vous permettront de connaître les valeurs de cette personne et l'orientation de son intentionnalité. Vous devez être attentif en écoutant la réponse afin de développer une nouvelle question. Pensez à une personne qui dit vouloir suivre un cours d'anglais pour augmenter ses chances de trouver un emploi. Vous pouvez demander: "Qu'est-ce qui est essentiel pour vous pour apprendre l'anglais et obtenir de nouvelles opportunités d'emploi?". Une enquête plus approfondie peut fournir des détails émotionnels qui peuvent être utilisés dans l'hypnose conversationnelle.

True Hypnotic Pattern / Used to be True

Ce schéma hypnotique est plus complet, et je recommande d'y prêter une attention particulière car il contient de nombreux aspects cruciaux. Essentiellement, nous devons contrôler les sous-modalités et, pour ce faire, nous devons tenir compte de la manière dont notre esprit retient les informations que nous obtenons tout au long de notre vie.

C'est ainsi que nous pouvons avoir deux classifications: ce que nous croyons être vrai maintenant et ce que nous croyons être vrai dans le passé. Pour vous aider à comprendre, je vais vous donner quelques exemples. Vous souvenez-vous de votre enfance à l'école? Alors c'était vrai autrefois, comme cela s'est passé, mais vous êtes actuellement dans une période différente de votre vie.

Vous lisez ce livre en ce moment même, n'est-ce pas? Alors vous êtes impatient d'en savoir plus sur l'hypnose conversationnelle. Par conséquent, nous pouvons considérer cela comme un fait.

Je veux que vous réfléchissiez à ce qui était vrai autrefois, en particulier à votre première expérience scolaire. De quoi vous souvenez-vous? Comme elle ne fait plus partie de votre contexte actuel, elle peut avoir moins de valeur et de profondeur.

Cependant, s'imaginer en train de lire ce livre ou de s'informer sur l'hypnose conversationnelle peut provoquer toute une série d'émotions et fournir une foule d'informations. Le but de ce schéma hypnotique est de rendre ce qui était vrai auparavant aussi convaincant que ce qui est vrai. Vous serez en mesure d'avoir un plus grand effet avec vos idées et d'influencer les gens d'une manière plus pratique de cette façon. D'autant plus que vous serez en mesure d'inculquer une forte conviction.

Pourquoi

Rappelez-vous que l'important n'est pas ce que nous disons, mais comment nous le disons. Vous ne devez pas perdre de vue cet aspect, car il est fondamental dans la pratique de l'hypnose conversationnelle. Ce schéma hypnotique représente précisément la manière dont nous pouvons améliorer la composition de notre communication pour créer un rapport.

Savez-vous à quel point il est essentiel pour nous de donner un sens aux informations que nous recevons? Même quelques mots forts peuvent avoir un effet plus important si nous expliquons pourquoi ils sont forts.

Supposons qu'un vendeur vous propose un logiciel qui vous aidera à gérer vos tâches quotidiennes, tant professionnelles que personnelles, et que vous soyez intéressé par le produit.

Supposons que le vendeur vous promette avec une grande confiance: "Ce programme est un succès". Cela ne signifie peut-être rien pour vous parce que c'est dit par quelqu'un qui veut vous vendre quelque chose, mais cela éveillera votre esprit conscient et vous amènera à faire une évaluation de la valeur.

En revanche, si le vendeur dit quelque chose du genre "Cette application est efficace car elle est facile à utiliser et vous permet d'accéder à tout votre travail depuis n'importe quel appareil", le scénario peut être différent. Cela suscitera sans aucun doute leur intérêt car l'application leur apporte quelque chose: commodité, gain de temps et accessibilité.

D'autres expressions ayant un impact similaire à "parce que" peuvent également être utilisées. Par exemple, "cause", "so" et "for this reason".

Bien que ce modèle d'hypnose conversationnelle soit assez efficace et puisse vous aider à maintenir l'attention des gens, il se peut que l'on vous pose des questions, alors assurez-vous de comprendre ce dont vous parlez.

Modèle d'hypnose: Voyage dans le temps

Le verbe, comme nous le savons tous, est l'élément qui exprime une action dans une phrase, et il est influencé par le temps. Il peut s'agir de quelque chose qui s'est produit dans le passé, de quelque chose qui se produira dans le futur ou de quelque chose qui se produit déjà. Ce schéma hypnotique implique la manipulation du temps des mots pour influencer l'humeur des autres.

Il est essentiel d'étudier ce que les gens disent dans le cadre de l'hypnose conversationnelle, notamment en termes de temps de verbe, car cela révèle beaucoup de choses sur la signification de ces informations dans leur contexte actuel. Lorsque quelqu'un vous parle de quelque chose qui se passe maintenant, cela a une résonance émotionnelle beaucoup plus grande que lorsqu'il vous parle de quelque chose qui s'est déjà produit. Le principal avantage de cette technique d'hypnose conversationnelle est sa polyvalence. Parce qu'il peut évaluer les émotions présentes dans les informations de fond générées par les autres et ajuster ce schéma en fonction de vos besoins. Par exemple, il vous aidera à surmonter les mauvaises émotions et à conserver les émotions agréables.

Imaginez que vous êtes le superviseur d'une importante entreprise comptant 20 travailleurs. Vous avez une grande responsabilité, et si une personne ne produit pas une productivité adéquate, vous devez enquêter et l'aider à s'améliorer. Supposons que vous ayez mentionné un employé qui ne va pas bien et qui dit se sentir inquiet lorsqu'il "traite" avec un client difficile.

Comme il s'agit d'une situation actuelle, vous pouvez ajouter: "Vous étiez donc inquiet face à un client difficile?" pour atténuer le mauvais impact (vous le ramenez au passé). Ensuite, vous devriez le mettre à jour avec quelque chose comme: "Et comment vous sentez-vous par rapport à la question lorsque vous vous sentez en confiance?". Essentiellement, vous devez demander à la personne d'invoquer une condition, puis lui demander de l'expliquer, et enfin la transporter dans le futur.

Modèle hypnotique de commandes intégrées

Il existe des directives qui, lorsqu'elles sont prononcées, éveillent l'intérêt de l'inconscient, tout comme il existe des schémas hypnotiques essentiels. Il est essentiel que vous maîtrisiez ce rythme hypnotique, car il met tout en pratique.

L'utilisation de directives cachées dans des phrases intentionnellement adaptées pour attirer l'attention de l'auditeur est le concept de base. La prononciation est cruciale dans cette circonstance pour mettre en valeur ces commandes.

Je vous montrerai un exemple dans lequel je mettrai en évidence les instructions cachées à souligner avec le ton de la voix, puis je vous guiderai pour concevoir votre propre modèle hypnotique de commandes intégrées, étape par étape.

Considérez l'affirmation suivante: "Parfois, lorsque vous apprenez quelque chose de nouveau, vous vous rendez compte que cette soif d'apprendre présente de nombreux avantages. Maintenant, comme de l'eau fraîche, vous pouvez laisser toutes les connaissances se déverser dans votre être".

Quel est le contenu de cette annonce? Nous avons certaines connexions qui peuvent susciter une réponse émotionnelle ; par exemple, nous identifions l'eau fraîche à quelque chose d'agréable.

Pour mettre en place ce schéma hypnotique, vous devez d'abord préciser les instructions que vous allez utiliser, ce qui peut être fait en définissant les actions fondamentales à effectuer. Vous devrez également déterminer les émotions liées à l'objectif que vous souhaitez atteindre.

Ensuite, vous devrez projeter la prise de conscience, ce que vous pouvez faire en disant "prendre conscience de". Ensuite, vous devez trouver un sujet dans lequel déguiser les directives et les reproduire sur un ton approprié. Enfin, vous devriez essayer de mettre en pratique cette ligne directrice sur papier.

Modèle hypnotique d'ancrage visuel des mots

Pour utiliser ce schéma d'hypnose, vous devrez créer une certaine condition lorsque vous conversez avec quelqu'un. Il faut ensuite donner un ancrage visuel au sentiment produit pour le rendre plus pertinent.

Vous vous souvenez de l'importance des gestes dans l'hypnose conversationnelle? Il est particulièrement crucial dans ce schéma car vous pouvez l'utiliser pour définir un déclencheur ou un point d'ancrage qui renforce le sentiment. Vous pouvez utiliser vos doigts pour mettre en évidence n'importe quoi ou faire n'importe quel autre mouvement.

Lors de la mise en œuvre de ce schéma hypnotique, il est essentiel d'être attentif et agile, car vous devrez trouver le meilleur moment pour activer cette sensation préalablement incarnée. Vous vous demandez probablement: "Comment puis-je faire ce motif? Il y a plusieurs étapes à suivre.

Pour que l'ancrage soit vraiment efficace, vous devez d'abord provoquer un état émotionnel. Ensuite, vous devez augmenter l'intensité de cet état. Enfin, vous devez jeter l'ancre lorsque cela semble nécessaire.

Ne négligez pas l'importance d'avoir un élément visuel déclencheur ou d'ancrage. Si vous commercialisez un produit, vous pouvez le toucher tout de suite (après avoir terminé les étapes précédentes), c'est donc votre déclencheur.

Si vous n'utilisez pas ce rythme hypnotique dans la vente, faites un mouvement de la main ou un autre geste qui vous met à l'aise. Comme il est essentiel que ce déclencheur visuel soit léger, si vous avez l'intention de faire quelque chose avec laquelle vous n'êtes pas à l'aise, le résultat escompté sera peu probable.

Toi et moi, motif hypnotique

Sans aucun doute, ce schéma hypnotique est l'un des meilleurs pour capter rapidement l'attention d'une autre personne, et a une influence significative sur les autres. Elle permet de créer des sensations, ce qui ouvre l'inconscient, et le mieux, c'est qu'une fois que vous en avez compris les bases, elle est extrêmement simple à mettre en pratique.

Ce schéma d'hypnose consiste d'abord à créer un état émotionnel qui sert d'accroche pour attirer l'attention, puis à diriger le centre d'intérêt de la personne là où il est nécessaire pour atteindre nos objectifs.

Pour ce faire, nous commencerons par parler de nous-mêmes, puis nous passerons à la personne de manière à ce que les autres ne remarquent pas le changement. Pour parler directement de quelqu'un, il n'est pas nécessaire d'utiliser le mot "vous", ce qui rend ce rythme hypnotique unique. Veuillez noter l'annonce suivante...

Je pensais retourner dans ma ville pour les vacances, c'est là que **je me sens** le plus à l'aise. Il suffit de marcher dans la ville et vous **vous sentez** (vous) avec plus d'énergie. C'est comme lorsque vous vous souvenez de vos anciens amis, ou lorsque vous vous promenez à nouveau dans les rues que vous connaissez si bien et que **vous vous sentez si bien** que vous ne pouvez vous empêcher de sourire.

Vous voyez la différence? Nous commençons par parler de nous-mêmes, mais nous passons rapidement au "vous". L'autre personne sera non seulement attirée par vous, mais aussi véritablement intéressée par ce que vous avez à dire. Ainsi, l'environnement idéal est créé pour que cette personne tienne compte de nos commentaires et les accepte comme il se doit ; ce modèle permet certainement d'influencer subtilement les autres.

Modèle hypnotique de comparaison forcée

Lorsque nous faisons une comparaison, nous comparons deux ou plusieurs choses. Nous ne pouvons pas comparer quoi que ce soit avant de l'avoir mis en relation avec quelque chose d'autre ou de l'avoir distingué.

Dans cette optique, il faut savoir que ce schéma hypnotique va permettre à une personne de penser à deux éléments et donc de provoquer un état ou d'éveiller en elle des sentiments spécifiques.

Cependant, il ne suffit pas de poser une question directe pour déclencher ce schéma hypnotique. Par exemple, évitez les questions telles que "Quelle est la différence entre l'attraction et le désir?

Parce que, formulée de cette manière, elle n'est pas particulièrement attrayante ; nous avons deux phrases qui sont souvent utilisées dans le même contexte, mais cela ne nous dit rien.

En revanche, si vous choisissez de compléter ou d'expliquer un peu plus ces parties, vous éveillerez la curiosité de votre auditeur, ce qui aboutira à un meilleur résultat.

Vous pouvez l'aborder de la manière suivante, en tenant compte à la fois de la question et des progrès accomplis depuis que la question a été posée:.

Avez-vous déjà réfléchi à la différence entre l'**attraction** et le **désir?**

L'**attraction** est quand...

Mais le **désir** est quelque chose de différent, parce que c'est plus comme...

Il est important de pratiquer ce schéma d'hypnose et de l'appliquer lorsque vous vous sentez vraiment en phase avec son objectif.

Modèle hypnotique: Comment faire en sorte que tout signifie ce que vous voulez?

Elle est incroyablement vivante et simple à apprendre car elle est liée au schéma "parce que". Il s'agit essentiellement d'établir une conséquence automatique de faits qui ne doivent pas nécessairement être tels, mais qui donnent l'impression de l'être parce qu'ils commencent par une déclaration vraie.

Par conséquent, un lien de cause à effet est établi, ce qui conduit à l'affirmation suivante: si la première affirmation est vraie, les suivantes devraient également l'être.

Cette réaction mentale est presque automatique, de sorte que le sens de la logique n'a guère l'occasion de la remettre en question. Par conséquent, ce modèle donne de l'importance à toute question qui vous tient à cœur et vous permet d'influencer les autres.

Supposons que vous soyez un vendeur débutant dans un magasin de technologie. Et pendant votre service, un client vous demande un ordinateur portable (ce fait est réel). Vous pourriez l'aborder en suivant ce schéma hypnotique: "Comme vous êtes venu dans ce magasin pour acheter un ordinateur portable (ce qui est exact), vous aurez besoin d'un ordinateur rapide pour effectuer toutes vos tâches. Je vous recommande donc de jeter un coup d'œil à ces modèles.

Alors que la personne se trouve dans un magasin pour acheter un ordinateur portable, il est peu probable qu'elle ait besoin d'un ordinateur haut de gamme, mais en utilisant cette technique d'hypnose, vous l'amènerez à l'envisager.

Motif hypnotique: le doute

Il n'est pas toujours facile d'influencer les autres ; certaines personnes peuvent être résistantes ou sembler inflexibles ; comment y faire face?

Ce livre a été écrit pour vous aider à faire face à diverses circonstances que vous pouvez rencontrer lorsque vous utilisez l'hypnose conversationnelle.

Il est essentiel de comprendre ce schéma hypnotique si vous voulez influencer des conclusions apparemment fermes. Elle consiste essentiellement à poser une question dans le but de faire douter l'autre personne de votre jugement.

Une telle question peut nous aider à semer le doute, mais nous devons l'adapter au contexte du discours de notre interlocuteur.

Après avoir posé la question, vous devez provoquer le scepticisme, ce qui peut être réalisé en vous appuyant sur des expériences génériques ou communes.

Cela fera douter la personne, ce qui peut vous aider à obtenir de nouveaux clients ou à persuader les gens de changer d'avis pour atteindre votre objectif ; cela fonctionne également bien dans un cadre plus intime.

La double contrainte est un motif hypnotique.

Lorsque vous posez une question ou discutez d'un sujet avec une seule option accessible, vous risquez de ne pas obtenir les meilleurs résultats. Pourquoi? Parce qu'en cédant à notre esprit conscient, nous n'avons qu'une seule option, que nous allons automatiquement évaluer.

Cependant, que se passe-t-il si nous présentons deux options? Nous pouvons également les évaluer et choisir celle qui convient le mieux à notre situation.

Ce schéma hypnotique a l'avantage de produire une phrase en offrant deux possibilités avec des réponses qui correspondent exactement à ce que nous recherchons. Par conséquent, il améliore la probabilité d'atteindre nos objectifs.

Supposons que vous soyez le propriétaire d'un restaurant prestigieux et que votre principal objectif soit d'augmenter les ventes. Voulez-vous un verre de vin, s'il vous plaît? vous demande votre serveur. Vos clients ont la possibilité d'accepter ou de refuser l'offre, mais refuser ne vous aide pas à atteindre vos objectifs.

En revanche, si vous demandez: "Voulez-vous un verre de vin blanc ou un verre de vin rouge? Vous ne donnez pas au client la possibilité de ne pas boire le vin, il choisira donc instinctivement l'une des deux possibilités, et celle qu'il choisira vous conviendra, comprenez-vous maintenant?

Modèles hypnotiques utilisés par les militaires

Hypnose Brutale Pour Les Débutants

Avez-vous pensé à appliquer l'hypnose conversationnelle à l'armée? Les guerriers doivent certainement maintenir leur croyance et être persuadés d'affronter des obstacles difficiles, il est donc naturel d'utiliser certaines des bases de l'hypnose, ne pensez-vous pas?

Avec ce modèle d'hypnose conversationnelle, qui consiste à utiliser des termes que les États-Unis utilisaient pour le recrutement, nous pouvons aller plus loin.

Pour l'utiliser efficacement, vous devez d'abord comprendre les croyances et les idéaux de la personne que vous voulez persuader. Dans cette méthode, un lien est établi entre certaines variables et des actions spécifiques.

Pensez que vous avez besoin de quelqu'un de proche, comme un ami ou un membre de la famille, pour vous aider à faire face à une difficulté qui vous fait perdre confiance en vous. Vous pouvez utiliser ce schéma d'hypnose sans aucun problème ; je vais vous montrer un exemple.

Avez-vous remarqué qu'être **courageux**, **décisif** et plus **loyal** envers soi-même est naturellement lié au fait de choisir l'**option complexe** plutôt que la plus simple?

Vous avez mentionné certaines idées ou principes qui, selon vous, caractérisent cet individu, puis vous avez démontré l'action à entreprendre ; ce lien suscite l'attention, ce qui permet de persuader plus facilement quelqu'un d'entreprendre une certaine action.

La décision zéro est un modèle hypnotique.

Il s'agit d'un schéma hypnotique qui adopte une approche similaire à celle du schéma Double Contrainte. Quelles sont ses responsabilités? Il forme une phrase avec deux solutions viables, menant toutes deux au même résultat (être favorable pour vous).

Lorsque nous ne pouvons pas laisser deux possibilités si éloignées l'une de l'autre, c'est parfait pour influencer les autres. Nous pouvons parler du même sujet avec de légères variations et attirer l'attention des gens. Considérons le scénario suivant.

Bien qu'il présente de nombreux avantages, il est essentiel de concevoir ce schéma hypnotique en respectant les principes fondamentaux, mais en l'articulant dans un langage facile à comprendre, sans quoi il risque d'activer l'esprit conscient et de limiter les effets de l'hypnose conversationnelle.

Schéma hypnotique de la différence influencée

Il s'agit d'un autre modèle d'hypnose efficace, facile à apprendre et à utiliser. Elle consiste à exposer deux points de vue en éliminant l'influence de l'un d'entre eux, faisant apparaître la seconde perspective comme la meilleure option.

Cela vous permet de persuader quelqu'un de prendre une décision particulière sans qu'il se sente obligé de le faire. Il pensera qu'il est arrivé à cette opinion de manière indépendante et sans aucune autre influence. Je vais vous donner un exemple pour vous montrer plus clairement de quoi je parle.

Modèle hypnotique: Instant Expert

Certains personnages sont entrés dans l'histoire pour leur extraordinaire capacité à influencer les autres ; ces individus ont créé un héritage qui a survécu à la mort et atteint l'immortalité. Pourquoi faut-il en tenir compte?

Parce que ce schéma de l'hypnose est que vous pouvez implanter ce que vous voulez chez les autres, qu'il s'agisse de guider ou d'intéresser quelqu'un à un sujet, de transmettre des connaissances liées à un expert.

- L'une des choses les plus importantes que j'ai apprises de "Nommez l'expert" est...... - Si je devais souligner une chose que j'ai apprise dans "Nommez l'expert", ce serait.......

En étant lié à une personne connue, ce que vous dites sera plus pertinent et il sera plus facile d'attirer immédiatement l'attention des gens.

La narration est un rythme hypnotique.

Saviez-vous que le storytelling est en train de devenir une stratégie marketing très populaire? Et en effet, l'objectif principal du marketing est d'encourager les gens à faire certaines activités.

Ce schéma d'hypnose vise à induire un changement automatique chez les personnes de manière non intrusive, ce qui permet de l'utiliser avec les jeunes. Vous devez garder à l'esprit que pour l'utiliser, vous devez d'abord maîtriser les autres schémas hypnotiques que nous avons déjà décrits.

Les étapes pour réaliser cette séquence hypnotique sont les suivantes:

- Attribuez un protagoniste: vous devrez faire un analogue de la personne que vous essayez de persuader de devenir un protagoniste, et vous devrez la mettre dans une situation précaire dans le scénario imaginé.

- Aggravation du problème: le protagoniste doit être contraint de trouver une solution ou de réagir aux événements à mesure que la crise s'aggrave.

- Découverte d'une compétence: l'histoire doit révéler une capacité cachée ou une ressource intérieure que le protagoniste a découverte au milieu d'une circonstance difficile ; il doit s'agir de quelque chose de vraiment authentique, et non de quelque chose qui semble fantaisiste.

- Une transformation s'opère: le protagoniste doit se tirer d'affaire en utilisant sa nouvelle capacité et en subissant une transformation importante. En conséquence, la transformation sera permanente et il aura pu surmonter un obstacle et découvrir son véritable potentiel.

Schéma hypnotique d'installation de la voix intérieure

Lorsque nous portons des jugements de valeur sur nous-mêmes, nous avons beaucoup de pouvoir sur nous-mêmes ; nous pouvons être notre plus grand soutien ou notre plus grand tourment. Quelle que soit la situation, nous avons beaucoup de pouvoir personnel, et tout est contrôlé par notre voix intérieure.

Ainsi, même si c'est nous qui prononçons les mots, ce rythme hypnotique va activer la voix intérieure de nos auditeurs, leur donnant l'impression d'être sur une scène personnelle.

Il est essentiel de lier le contenu à l'aide de certains éléments communs afin que l'auditeur se sente réellement associé. En outre, il doit y avoir une séquence qui permet à l'inconscient de visualiser l'ensemble de l'événement.

Enfin, elle doit être organisée de manière à susciter des émotions. De cette façon, vous pourrez capter l'attention de vos auditeurs, en veillant à ce qu'ils réfléchissent à ce que vous dites et l'intériorisent vraiment.

Ce modèle d'hypnose peut être réalisé en composant un script dans lequel la personne éveille sa voix intérieure. Cependant, si vous souhaitez utiliser l'hypnose conversationnelle dans certaines situations, il est essentiel que vous la pratiquiez en tenant compte de cet élément et des objectifs possibles. Lorsque vous l'exécutez de manière formelle, vous parvenez à une plus grande maîtrise.

Opérateurs modaux dans les modèles de langage hypnotique

Il est essentiel de comprendre et d'utiliser les opérateurs modaux lors de la pratique de l'hypnose conversationnelle. Cependant, ils ne sont pas seulement efficaces pour persuader les autres, mais sont également utiles pour vous donner un élan ou renforcer votre intérêt afin de vous aider à accomplir certaines tâches importantes.

Avez-vous déjà été fatigué d'aller au travail ou manqué de motivation? Peut-être, mais vous ne devez pas négliger vos responsabilités.

Les opérateurs modaux vous permettent de vous exprimer avec précision sur diverses activités. En conséquence, votre impression de ce que vous devez faire change. Je vous conseille d'envisager ce que vous aimez faire, comme lire, faire du jogging, chanter ou simplement vous promener.

Vous pouvez utiliser des expressions telles que "peut", "est", "a besoin" et "veut" pour décrire ces tâches. Pensez aux tâches qui se présentent et que vous n'avez pas envie de faire, même si vous devez les faire.

Vous pouvez utiliser des termes tels que "pourrait", "devrait", "essaiera" et "plus tard" pour faire référence à ces promesses. Nous utilisons ces expressions pour indiquer que nous ne voulons rien faire, ce qui peut conduire à la procrastination.

Est-il vraiment nécessaire d'en être conscient? Oui, car les opérateurs modaux de nécessité ou de possibilité peuvent être utilisés pour créer l'effet désiré sur les autres. Les mots que nous entendons ou que nous nous disons à nous-mêmes sont extrêmement puissants car ils peuvent nous donner l'inspiration ou l'élan nécessaire pour effectuer des changements positifs ; cela vaut également pour ce que nous inculquons aux autres.

- Vous devriez vous sentir mieux à propos de tout en peu de temps, comme un exemple d'opérateur modal dans le besoin.

- Je dois commencer à être plus agressif dans mes décisions.

- Votre voix intérieure devrait toujours être capable de vous guider dans la bonne direction.

- Vous devriez avoir un fort sentiment que les choses sont sur le point de changer.

En revanche, la terminologie utilisée dans le cadre de l'opérateur de possibilité modale est la suivante:

- Le mois de mai

- C'est possible.

- Il est fiable.

- Ce n'est pas faisable.

- Ce n'est pas possible.

- C'est possible.

- Ce n'est pas possible.

Si vous utilisez l'un de ces termes dans une phrase ou une affirmation, vous créez un effet de potentiel. Par exemple, vous pouvez dire: "Votre voix intérieure sait que vous pouvez changer".

Si vous êtes un leader, ces opérateurs virils vous seront très utiles. Ils peuvent aider les autres à être plus motivés en établissant un lien émotionnel fort.

Des questions pour vous aider à changer d'avis

Les gens expriment de nombreuses croyances sans se demander si elles sont vraies ou non. Certaines croyances peuvent être très restrictives, amenant les gens à croire qu'ils sont incapables d'accomplir certaines tâches.

Avez-vous déjà entendu quelqu'un affirmer qu'il n'a aucun talent dans un domaine particulier? Les gens s'expriment souvent de cette manière sans aucune base rationnelle pour le faire.

Bien que le point de vue d'une personne soit souvent fermement ancré dans ses idées et ses croyances, il existe une méthode pour démanteler ces croyances. Par exemple, vous pouvez vous poser des questions qui vous aideront à atteindre cet objectif.

Je vais vous montrer une série de questions qui vous aideront à changer votre point de vue, et que vous pouvez utiliser pour aider les autres à penser de manière plus positive et productive.

.

FONDAMENTAUX	QUESTIONS
Attaquez la source de la croyance: cela vous aidera à	

faire réfléchir l'autre personne sur les raisons de cette croyance.	Je suis très maladroit. **Où avez-vous entendu ça?**
Meta Frame: cela consiste à utiliser le mot " Possible " pour faire douter d'une mauvaise croyance.	J'ai besoin d'attendre **Comment pouvez-vous croire ça?**
Critère contre: vous utiliserez la raison que la personne utilise dans sa croyance limitative contre elle.	Je suis trop jeune pour apprendre Comment le fait d'être trop jeune affecte-t-il votre incapacité à apprendre?

D'autres modèles hypnotiques que vous devriez connaître

- Que se passerait-il si : est un schéma hypnotique qui vous permet de générer des questions pour susciter une émotion favorable en la transférant à une situation présente. Si vous faites de la publicité pour un service d'aide à la perte de poids, vous pouvez poser une question du type "Que diriez-vous de pouvoir perdre du poids en quelques semaines?

- Remarque: Lorsque nous utilisons des mots comme "remarque", nous avons plus de chances d'attirer l'attention de nos auditeurs. En utilisant le service de perte de poids comme exemple, vous pourriez dire quelque chose comme: "Lorsque vous constaterez que vous avez perdu du poids, vous remarquerez que votre santé s'améliore.

- De plus en plus: il s'agit de mettre en évidence les avantages ou les contributions de quelque chose en soulignant que l'accomplissement d'une tâche conduirait à certaines récompenses. "Plus vous voulez changer, plus vous aurez de changement", par exemple.

- Écouter : Parce que le mot "écouter" a une suggestion hypnotique si puissante, il gagnera instantanément l'attention de votre auditeur. Vous devez l'affirmer, puis enchaîner avec des informations utiles pour guider toute cette attention vers vos objectifs.

- Imaginez: l'utilisation du mot "imaginez" suivi d'une déclaration puissante a une influence considérable sur la proposition. Nous imaginons automatiquement ce que nous devrions réaliser, ce qui crée un lien fort dans toute discussion.

- Le rappel: il vous aidera à persuader votre interlocuteur de se souvenir de certains événements liés au sujet de la conversation ; lorsqu'il est bien fait, il peut donner de bons résultats.

Questions d'étiquetage des modèles de langage hypnotique

Ce sont de bonnes questions à poser à la fin d'une déclaration. Un commentaire de ce type incite généralement l'auditeur à vérifier à nouveau sa compréhension du sujet. Il s'agit essentiellement de questions courtes et directes qui apparaissent à la fin d'une phrase.

Par conséquent, la personne acceptera automatiquement ce que nous disons lorsqu'elle répondra. Elle peut donc être appliquée dans le domaine de la vente ou dans tout autre secteur, même à un niveau personnel.

Voici quelques exemples de questions d'étiquette:

- Avez-vous acquis beaucoup de connaissances dans ce cours?

- Pouvons-nous aller de l'avant et conclure le processus de recrutement?

- On ne pourrait pas s'arrêter pour déjeuner maintenant?

- Tu sais de quoi je parle, n'est-ce pas?

- Jusqu'à présent, le produit semble être prometteur, n'est-ce pas?

Ces questions à étiquette sont extrêmement efficaces car, bien qu'elles ressemblent à une question, il s'agit en fait d'une déclaration avec une étiquette finale permettant de déterminer ce qui est vendu.

Par conséquent, l'utilisation de ces questions pour retenir l'attention de l'auditeur du début à la fin est bénéfique pour l'encourager à prendre les mesures appropriées pour atteindre nos objectifs.

Phrases d'activation de l'ordre caché

Parfois, nous devons transmettre des informations tellement critiques que nous devons les traiter avec une extrême prudence. Ceci est important dans le domaine de la vente, car si l'esprit conscient est en charge de la situation, tous les signaux d'alarme seront activés, ce qui entraînera des questions et des inquiétudes concernant les informations reçues.

Heureusement, il existe certains mots qui peuvent être utilisés pour activer les instructions secrètes. Vous vous demanderez sans doute: "A quoi cela sert-il? C'est formidable de créer un environnement plus confortable et de demander ou de fournir des informations utiles d'une manière plus sensible.

Pour y parvenir, nous devons d'abord concentrer notre attention sur un fait, après quoi nous devons inclure les informations principales. Les gens ne seront pas capables de résister de cette manière. Voici quelques exemples de ce dont je parle.

-Je me demande si vous n'aimeriez pas avoir plus de temps libre", m'a dit un jour un collègue.

- Cela peut vous surprendre.

- Donnez-vous la possibilité de le faire.

-Une des choses que vous pouvez regarder avant d'arriver à la conclusion que....

Comment briser une mauvaise mentalité?

Jusqu'à présent, j'ai parlé de nombreux modèles hypnotiques et de leurs avantages. Cependant, existe-t-il une méthode pour briser l'état émotionnel d'une personne? Oui, et il est essentiel que vous le sachiez.

Pensez-vous qu'une personne déprimée, en colère ou distraite sera capable de vous prêter attention? Peut-être pas, c'est donc un obstacle à surmonter. Pour ce faire, il existe quelques techniques que je vais vous enseigner ci-dessous sur la façon de modifier l'ambiance.

- Humour: L'humour est un excellent moyen de se remonter le moral lorsque l'on est de mauvaise humeur. Rappelez-vous que la façon dont nous faisons ressentir les choses aux gens nous affecte ; faire une blague est souvent un excellent moyen de créer une atmosphère plus confortable et de surmonter le blocage d'une personne ; vous devriez l'utiliser dès que vous sentez le malaise émotionnel de votre interlocuteur.

- Confusion: les déclarations illogiques sont souvent amusantes, ce qui induit un état de relaxation bénéfique dans l'hypnose conversationnelle. Vous pouvez dire quelque chose d'incompréhensible ou faire des mouvements amusants. Toutefois, l'efficacité de cette démarche peut varier en fonction de la situation ; par exemple, si vous êtes dans un cadre professionnel, vous devez rester subtil.

Si vous découvrez qu'une personne est dans un mauvais état émotionnel pendant que vous discutez avec elle, la première chose à faire est de l'aider à s'en sortir.

Sinon, l'hypnose conversationnelle échouera car vous n'atteindrez pas le degré de confort nécessaire pour activer l'inconscient du sujet.

Modèles de discours hypnotiques: exemples et exercices

Vous pouvez trouver de nombreux scripts de modèles d'hypnose sur Internet. Cependant, il est essentiel de savoir comment produire des suggestions réussies, car si vous ne comprenez pas ce qu'elles doivent contenir, vous aurez du mal à maîtriser l'hypnose conversationnelle du début à la fin.

Avant tout, l'idée doit correspondre aux critères qui seront utilisés pour déterminer le succès. Elle doit également être indirecte, sinon l'impact souhaité ne sera pas atteint. Elle ne peut se limiter à conseiller à un fumeur d'arrêter de fumer ; cela n'aura pas un effet suffisant.

Vous pouvez plutôt le formuler comme une suggestion, par exemple: "Vous serez surpris de la rapidité avec laquelle vous oubliez de fumer". Il s'agit d'une idée bien pensée qui a été exprimée de manière détournée.

Les suggestions qui ne sont pas fondées sont tout aussi défavorables. Vous ne pouvez pas convaincre une personne qui a peu confiance en elle qu'elle deviendra plus confiante du jour au lendemain, car elle aura toujours ses croyances limitatives. Au lieu de cela, vous pouvez les informer qu'ils seront en mesure de devenir plus confiants dans une circonstance donnée, et vous devriez toujours le dire de manière subtile.

Maintenant que vous avez appris à connaître les nombreux modèles de langage hypnotique, vous pouvez commencer à faire des phrases avec eux. Il vous sera beaucoup plus facile de les mettre en pratique si vous comprenez leurs principes.

Je vous suggère de faire une deuxième expérience dans laquelle vous évaluez les paroles de politiciens captivants ou de présentateurs de télévision en vue et essayez de trouver quel rythme hypnotique ils utilisent ; les résultats pourraient vous surprendre.

Quelle est la meilleure façon d'utiliser les déclarations de rythme?

Imaginez que vous puissiez persuader quelqu'un d'être d'accord avec vous en prononçant simplement quelques mots. Les déclarations rythmiques sont essentielles dans l'hypnose conversationnelle car elles permettent d'atteindre cet objectif.

Ces commentaires permettent à une personne de passer d'une façon de penser à l'acceptation d'une notion ou d'une idée suggérée par l'hypnotiseur.

Il s'agit donc d'une ressource inestimable qui vous aidera à persuader les autres de changer d'avis de manière appropriée, tout en atteignant vos objectifs.

D'autre part, comment fonctionnent les déclarations d'intention? Il s'agit de commentaires d'amorçage qui concentrent l'attention de l'auditeur sur une cible particulière afin d'aider à préparer l'inconscient de l'auditeur.

N'est-il pas vrai que lorsque nous utilisons l'hypnose conversationnelle, nous devons faire certaines suggestions? D'autre part, ces commentaires sur le rythme nous aident à préparer les gens à écouter et à digérer nos propositions avec facilité, ce qui nous permet d'obtenir de meilleurs résultats.

Essentiellement, cette ressource aide les gens à devenir plus influençables, tout en nous permettant de former des liens plus forts, elle est donc bénéfique à plusieurs égards. Pour activer les affirmations rythmiques, vous pouvez créer un dialogue dans lequel vous enregistrez un scénario actuel. Par exemple, même si vous répétez des choses évidentes, parler d'un service et de ses avantages à une personne qui vous écoute est un excellent moyen d'attirer son attention. Après avoir utilisé cette ressource, vous devez ajouter une déclaration principale dans laquelle vous présentez les informations importantes du discours.

L'utilisation d'un langage séduisant

Savez-vous à quel point les mots peuvent être puissants? Nous pouvons obtenir des résultats vraiment spectaculaires lorsque nous traitons ce que nous devons exprimer de manière audacieuse.

Ce livre est conçu pour vous aider à atteindre ce niveau d'expertise. Je vous invite donc à prêter attention aux phrases d'accroche qui vous aideront à créer des liens solides avec les gens.

Qu'est-ce qui rend les phrases intrigantes si attrayantes? Ils ont tendance à provoquer une bonne réaction, de sorte qu'ils retiennent l'attention du public pendant longtemps. Ce sont des mots qui ont un impact puissant lorsqu'ils sont prononcés, ce qui permet de persuader plus facilement les autres.

C'est particulièrement vrai en ce qui concerne les méthodes de vente. Un produit ou un service peut présenter de nombreux avantages, mais s'il ne parvient pas à communiquer un message efficace au consommateur, il sera tout simplement ignoré.

Pour attirer l'attention du client et établir un lien avec lui, utilisez des phrases qui provoquent une réponse émotionnelle.

Incroyable, astucieux, fantastique, charmant, inventif et nécessaire ne sont que quelques-uns de ces mots. Ce sont des phrases incroyablement fortes qui, combinées aux caractéristiques ou à la proposition de valeur d'un produit ou d'un service, offrent une alternative très attrayante.

Supposons que vous offrez un service fantastique avec une série d'avantages immédiats et à long terme, comment pouvez-vous l'exprimer avec succès? En utilisant un langage attrayant, vous pouvez montrer que ce service est plus qu'une simple alternative ; c'est une option EXTRAORDINAIRE qui améliorera considérablement la vie du client.

Questions de réflexion

Les questions suggestives sont une excellente technique pour convaincre les autres de manière subtile et facile à appliquer et à assimiler.

En fait, il s'agit d'une sorte d'enquête destinée à amener les gens à prendre une décision spécifique ou à répondre d'une manière spécifique.

Par conséquent, les questions clés sont suivies d'une recommandation, et la proposition a la priorité sur la question elle-même.

Cette forme de matériel d'hypnose conversationnelle donne l'impression que l'auditeur prend ses propres décisions, mais en réalité nous donnons un coup de pouce verbal, encourageant notre suggestion sans la rendre évidente, et c'est incroyablement efficace.

Imaginez que vous voulez que votre neveu vous aide à couper un arbre dans le jardin, mais qu'il refuse parce qu'il a d'autres choses à faire ; comment pouvez-vous le persuader? Si vous lui demandez directement, vous n'obtiendrez certainement pas la réponse que vous souhaitez.

En revanche, si vous utilisez une question piège, vos chances d'atteindre vos objectifs augmentent considérablement. "Vous n'avez rien de prévu pour ce week-end, n'est-ce pas?" est un bon point de départ.

Vous laissez entendre que vous n'avez rien de prévu pour le week-end et vous posez la question à la fin. Vous pouvez donc dire quelque chose comme: "Puisque tu n'as rien de prévu pour le week-end, pourrais-tu m'aider à couper l'arbre dans le jardin? Il trouvera le sens de votre question d'un point de vue psychologique, il est donc très probable qu'il accepte de vous aider, d'autant plus qu'il a montré qu'il était capable de le faire.

Quelle est la meilleure façon d'utiliser les hypothèses?

Hypnose Brutale Pour Les Débutants

Les présuppositions sont l'un des éléments les plus importants de l'hypnose conversationnelle. Ils vous permettent de communiquer subtilement quelque chose afin d'obtenir un effet.

Ce qui est dit dans le cadre d'un présupposé n'est pas exactement une vérité tangible, mais il contribue à sa réalisation en influençant les autres pour rendre ce qu'ils entendent aussi compréhensible que possible.

Supposons qu'un vendeur vous présente un équipement ménager, par exemple une poêle à frire antiadhésive multi-usages. Supposons que le vendeur fasse référence à la poêle à frire comme étant votre poêle à frire à un moment donné de la présentation promotionnelle.

"Votre nouvelle poêle antiadhésive est livrée avec un kit de nettoyage, et votre nouvelle poêle est garantie 5 ans", explique-t-il. Il suppose que vous allez acheter le produit et implante inconsciemment cette pensée dans votre tête. Vous pouvez donc l'utiliser pour atteindre vos objectifs de vente ou même pour des raisons personnelles.

Je vous propose de pratiquer le schéma hypnotique des présuppositions que j'ai conçu en créant un dialogue de pratique. Cela vous permettra d'être plus à l'aise lorsque vous l'utiliserez dans une situation réelle.

Remerciements

Merci beaucoup d'être arrivé jusqu'à la fin de ce livre.

Si le contenu vous a plu et que vous pensez avoir appris quelque chose d'intéressant qui peut améliorer votre vie, je vous serais très reconnaissant de me laisser un commentaire.

Cela signifierait beaucoup pour moi et m'aiderait à continuer à apporter du contenu de valeur à la communauté =)

Merci beaucoup!

Allan Trevor

Consultez ma page d'auteur pour trouver d'autres livres similaires dans ma collection. Cliquez ici:

http://bit.ly/AllanTrevorColección

Ou utilisez le code QR suivant:

Hypnose Brutale Pour Les Débutants

Printed in Great Britain
by Amazon

20973820R00098